utb 6014

Eine Arbeitsgemeinschaft der Verlage

Brill | Schöningh – Fink · Paderborn
Brill | Vandenhoeck & Ruprecht · Göttingen – Böhlau · Wien · Köln
Verlag Barbara Budrich · Opladen · Toronto
facultas · Wien
Haupt Verlag · Bern
Verlag Julius Klinkhardt · Bad Heilbrunn
Mohr Siebeck · Tübingen
Narr Francke Attempto Verlag – expert verlag · Tübingen
Psychiatrie Verlag · Köln
Ernst Reinhardt Verlag · München
transcript Verlag · Bielefeld
Verlag Eugen Ulmer · Stuttgart
UVK Verlag · München
Waxmann · Münster · New York
wbv Publikation · Bielefeld
Wochenschau Verlag · Frankfurt am Main

#fragdocheinfach
Alle Bände der Reihe finden Sie am Ende des Buches.

Nassim Madjidian ist Volljuristin und ehemalige wissenschaftliche Mitarbeiterin an der Universität Hamburg sowie Dozentin für Migrationspolitik am Europa-Kolleg Hamburg. Im Rahmen ihrer juristischen Promotion forscht sie zu zivilen Seenotrettungseinsätzen im Mittelmeer. Sie ist außerdem ehrenamtliches Mitglied des Sea-Eye e. V. Legal Teams.

Sara Wissmann ist wissenschaftliche Mitarbeiterin an der Paris-Lodron-Universität Salzburg und ehrenamtliches Mitglied des Sea-Eye e. V. Legal Teams. Im Rahmen ihrer juristischen Promotion forscht sie zu Fragen des Allgemeinen Völkerrechts im Kontext der Wiedergutmachung historischen Unrechts.

Nassim Madjidian / Sara Wissmann

Seenotrettung?
Frag doch einfach!

Klare Antworten aus erster Hand

UVK Verlag · München

Umschlagabbildung und Kapiteleinstiegsseiten: © bgblue – iStock
Icons im Innenteil: Figur, Lupe, Glühbirne: © Die Illustrationsagentur
Infografik: © fpm – iStock
Abb. 2 und 3: © ii-graphics - shutterstock, mit eigenen Anmerkungen ergänzt
Abb. 4: historicair, CC BY-SA 3.0, https://creativecommons.org/licenses/by-sa/3.0/dee
d.en

Bibliografische Information der Deutschen Nationalbibliothek
Die Deutsche Nationalbibliothek verzeichnet diese Publikation in der Deutschen
Nationalbibliografie; detaillierte bibliografische Daten sind im Internet über
http://dnb.dnb.de abrufbar.

DOI: https://doi.org/10.36198/9783838560144

© UVK Verlag 2023
– ein Unternehmen der Narr Francke Attempto Verlag GmbH + Co. KG
Dischingerweg 5 · D-72070 Tübingen

Internet: www.narr.de   eMail: info@narr.de

Einbandgestaltung: siegel konzeption | gestaltung
CPI books GmbH, Leck

utb-Nr. 6014
ISBN 978-3-8252-6014-9 (Print)
ISBN 978-3-8385-6014-4 (ePDF)
ISBN 978-3-8463-6014-9 (ePub)

Alle Fragen im Überblick

Vorwort

you have to understand,
no one puts their children in a boat
unless the water is safer than the land.

Warsan Shire
Ausschnit aus dem Gedicht „Home"

Seit dem Jahr 2014 haben mehr als 27.000 Menschen ihr Leben im Mittelmeer verloren. Maritime Migration in Richtung Europa ist dabei kein Phänomen der 2015er Jahre. Politische Ereignisse, wie z. B. der Zerfall des libyschen Staates und der syrische Bürgerkrieg, haben jedoch wesentlich mehr Menschen dazu veranlasst oder gezwungen, aus Nordafrika oder der Türkei zu versuchen, Europa per Boot zu erreichen. Auf der sogenannten Atlantikroute wurden für das Jahr 2021 rund 4000 Tote gezählt.[1] Dies sind nur die bekannten Zahlen, die Dunkelziffer liegt vermutlich weit darüber.

Die Dichterin Warsan Shire verfasst mit den oben zitierten Worten eine poetische Antwort auf die Bilder, die uns in Europa spätestens seit dem Jahr 2015 in regelmäßigen Abständen erreichen. Die Zahl der Menschen, die versuchen, Europa per hochseeuntauglichen Booten zu erreichen, hatte zwar 2015 ihren Höhepunkt und nahm seitdem stetig ab. Im Jahr 2022 allerdings ist wieder eine Zunahme der Ankünfte von Menschen, die über den Seeweg versuchen, europäischen Boden zu erreichen, zu verzeichnen.

Staatliche oder europäische Seenotrettungsprogramme wie *Mare Nostrum* oder die EU-Militäroperation Sophia, mit denen viele Tausend Migrant:innen auf der zentralen Mittelmeerroute zwischen Nordafrika und Italien bzw. Malta aus Seenot gerettet wurden, sind mittlerweile eingestellt worden. Vor dem Hintergrund der Abwesenheit staatlicher Seenotrettung rücken zivile Seenotrettungsorganisationen (NGOs) vermehrt in den Fokus der Öffentlichkeit und der Politik. Diese „zivile Flotte", bestehend aus verschiedenen europäischen NGOs mit eigenen Schiffen und teilweise eigener Luftraumüberwachung, hat sich zum Ziel gesetzt, Menschen aus Seenot zu

---

1   https://www.spiegel.de/ausland/migration-aus-dem-senegal-auf-die-kanaren-auf-der
    -todesroute-a-37a7b053-bac7-4705-8ed5-8d84c55c5d8c   (zuletzt   abgerufen   am
    27.06.2023).

retten und an einen „sicheren Ort" in Europa zu verbringen. Mit diesem zivilgesellschaftlichen Engagement versuchen die NGOs, diejenige Lücke zu schließen, die seit dem Rückzug staatlicher Seenotrettungsoperationen entstanden ist. Der physische Abzug europäischer Akteure aus dem Mittelmeerraum hat tödliche Konsequenzen, wie ein Beispiel verdeutlichen soll: Im Mai 2017 entdeckte ein maltesisches Militärflugzeug 80 Meilen südlich von Malta ein Boot mit 53 Insass:innen. Das Militärflugzeug erkannte, dass das ca. zehn Meter lange Boot überfüllt war und sich in Seenot befand. Die Passagier:innen versuchten bereits, mithilfe von Kanistern in das Boot laufendes Wasser zu entfernen. Das Militärflugzeug kehrte sodann zu seiner Basis zurück. Erst mehrere Stunden später wurde ein Patrouillenboot entsandt. Es konnte die in Seenot befindlichen Personen nicht mehr auffinden.[2]

Jüngere Beispiele stammen aus dem Februar und Juni 2023: Unmittelbar vor der Küste Italiens (Crotone) ertranken im Februar rund 100 Migrant:innen, obwohl italienische Behörden und Frontex bereits mehrere Stunden vor Ereignis des Unglücks von der Seeuntauglichkeit und Überladung des Bootes Kenntnis erlangt hatten. Zuletzt hat das schwere Schiffsunglück von Pylos im Juni 2023 rund 700 Migrant:innen aus Syrien das Leben gekostet. Sie hatten auf einem heillos überladenen Schiff die Überfahrt nach Europa gewagt. Noch ist unklar, wie es zu diesem Unglück gekommen ist. Augenzeugen berichten, dass griechische Einsatzkräfte versucht haben sollen, das in Seenot befindliche Schiff in Richtung Italien abzuschleppen, woraufhin es kenterte. Die politischen Entwicklungen rund um das Thema Seenotrettung und maritime Migration im Mittelmeerraum sind dynamisch. Küstenstaaten, Flaggenstaaten und europäische Akteure wie die EU-Kommission reagieren auf die Zahl der Ankünfte von Asylsuchenden über das Meer sowie auf die Existenz der zivilen Seenotrettungsorganisationen mit verschiedensten Maßnahmen. Zum Teil kommt es zu Hafenschließungen, zum Festhalten von Schiffen oder gar zu Strafverfahren gegen Seenotretter:innen oder Migrant:innen. Neue politische Reaktionen zeichnen sich aktuell in Italien ab. Dort hat Ende 2022 mit Giorgia Meloni und den Fratelli d'Italia eine neue, rechtspopulistische Regierung die vorherige Allparteienregierung unter Mario Draghi abgelöst. Gleich zu Beginn der Amtszeit der neuen Regierung hat Italien im November 2022 mehreren

---

2   High Court of Admiralty, Appeal from sentence condemning ship for breach of Navigation Laws, Urteil vom 22.11.1809, 165 Eng. Rep. 1058, 1068, abrufbar unter http s://app.vlex.com/#WW/vid/802780013 (zuletzt abgerufen am 22.11.2022).

NGO-Schiffen die Ausschiffung (ein nautischer Fachbegriff, der das Herunterbringen von jemandem oder etwas von einem Schiff beschreibt) von geretteten Migrant:innen untersagt. Anders als in den Jahren zuvor sollten nur die „vulnerabelsten" Menschen (Kranke, Schwangere, Minderjährige) die Seenotrettungsschiffe verlassen dürfen. Das Schiff von SOS Meditérranée musste sogar einen französischen Hafen ansteuern. Seit Januar 2023 gelten in Italien darüber hinaus neue Regelungen für Seenotrettungseinsätze ziviler Organisationen. Italien weist seitdem NGO-Schiffen unmittelbar nach Durchführung der ersten Rettung einen Hafen zu, der oftmals nicht in Süditalien, sondern in Zentral- oder Norditalien liegt. Die Schiffe müssen daher lange Strecken zum sogenannten Place of Safety vornehmen. Dies soll, so kann man mutmaßen, verhindern, dass sich die Schiffe weiterhin im Einsatz befinden. NGOs, die den Anweisungen nicht Folge leisten, werden im Anschluss festgesetzt, wie sich mittlerweile durch Einblicke in die Praxis bestätigen lässt.

Dieses Buch widmet sich sowohl den allgemeinen Fragen rund um das Seenotrettungsrecht als auch dem spezifischen Thema der Seenotrettung im Kontext maritimer Migration. Es versucht, sowohl politische Entwicklungen als auch den Rechtsrahmen in Form von verständlich formulierten Fragen und Antworten abzubilden. Insofern strebt es an gerade das zu erfüllen, was der Titel verspricht: umfangreich Antworten zu liefern auf die praktischen und rechtlichen Fragen, die sich nicht nur (Völker-)Rechtsexpert:innen, sondern auch fachfremde Personen stellen.

Das Buch beginnt dazu zunächst mit der Darstellung des Begriffs der Seenot und der Seenotrettung in historischer sowie praktischer Hinsicht. Sodann soll maritime Migration im Kontext der Seenotrettung beleuchtet werden. Als Völkerrechtlerinnen blicken wir dabei insbesondere auf den Rechtsrahmen für (zivile) Seenotrettungseinsätze. Es stellt sich eine Vielzahl von juristischen Fragen, nicht nur zum Seenotrettungsrecht, das im Bereich des Seevölkerrechts zu verorten ist, sondern auch zu den Regelungsbereichen des internationalen Menschenrechtsschutzes und des Migrations- und Flüchtlingsrechts. Den abschließenden Themenkomplex bildet das Kapitel zu den staatlichen und europäischen Reaktionen auf maritime Migration und zivile Seenotrettung. In diesem letzten Kapitel werden nicht nur politische Maßnahmen, sondern auch aktuell anhängige Gerichtsverfahren mit Bezügen zu Seenotrettungseinsätzen und maritimer Migration besprochen.

Das Buch nähert sich dem Themenkomplex Seenotrettung in primär juristischer, aber auch in politischer, soziologischer und historischer Hinsicht. Die Antworten zu den einzelnen Fragen sind bewusst so formuliert, dass auch Nichtjurist:innen und Studierenden ein Zugang zum Thema gelingen kann. Eine detailliertere Darstellung einzelner Rechtsfragen kann den angeführten Literaturquellen entnommen werden, die eine wesentliche Basis dieses Buches darstellen. Neben der wissenschaftlichen Literatur gründet unser Wissen auch auf unserer persönlichen Erfahrung im Bereich der Rechtsberatung ziviler Seenotrettungsorganisationen, insbesondere von Sea-Eye e.V.

Ein besonderer Dank gilt Hanna Schönlau, Felix Bode, Donia Braham und Prof. Dr. Anuscheh Faharat für ihre Anregungen, Impulse und unterstützenden Tätigkeiten.

Hamburg und Salzburg im Juni 2023
Nassim Madjidian & Sara Wissmann

Was die verwendeten Symbole bedeuten

 Toni verrät dir spannende Literaturtipps, 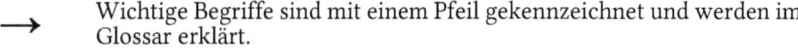 Videos und Blogs im World Wide Web.

 Die Glühbirne zeigt eine Schlüsselfrage an. Das ist eine der Fragen zum Thema, deren Antwort du unbedingt lesen solltest.

 Die Lupe weist dich auf eine Expert:innenfrage hin. Hier geht die Antwort ziemlich in die Tiefe. Sie richtet sich an alle, die es ganz genau wissen wollen.

→ Wichtige Begriffe sind mit einem Pfeil gekennzeichnet und werden im Glossar erklärt.

⇢ Der Pfeil mit der doppelten Spitze verweist auf weiterführende Fragen zu diesem Thema.

Zahlen und Fakten zur Seenotrettung

Die drei Mittelmeerrouten

- die **westliche Mittelmeerroute** von Algerien/ Marokko zum spanischen Festland
- die **zentrale Mittelmeerroute** von Nordafrika (Libyen/Tunesien) nach Italien und Malta
- die **östliche Mittelmeerroute** von der Türkei nach Griechenland/Zypern, teilweise auch nach Italien

Todes- und Vermisstenfälle auf den Mittelmeerrouten

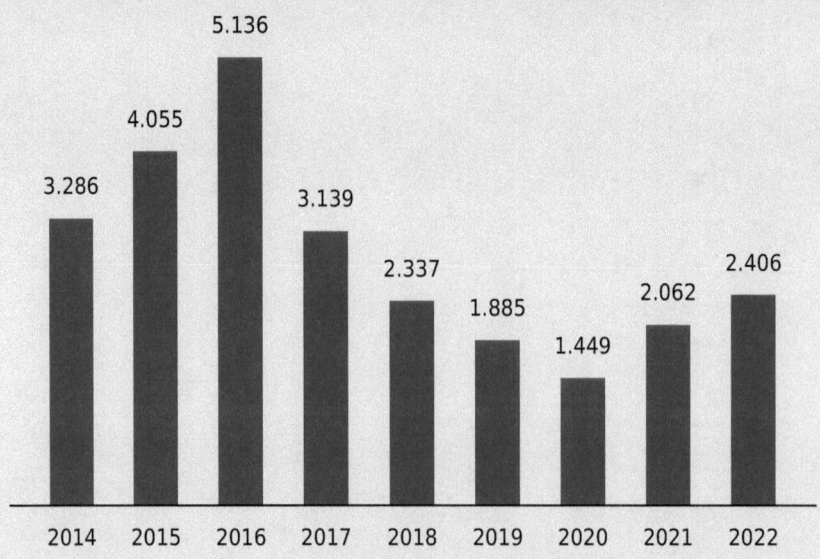

2014	2015	2016	2017	2018	2019	2020	2021	2022
3.286	4.055	5.136	3.139	2.337	1.885	1.449	2.062	2.406

„Man lässt keine Menschen ertrinken. Punkt."

Leitspruch des Bündnisses United4Rescue

„Die sogenannten Seenotretter sind Schlepperhelfer."

Kai Wegner, Regierender Bürgermeister von Berlin, 30.10.2019

„Es müssen unverzüglich staatliche Rettungsschiffe der EU-Staaten in dieses Einsatzgebiet geschickt werden, um die Rettungskapazität vor Ort wieder permanent zu erhöhen."

Gordon Isler, Vorsitzender des Vereins Sea-Eye e.V.

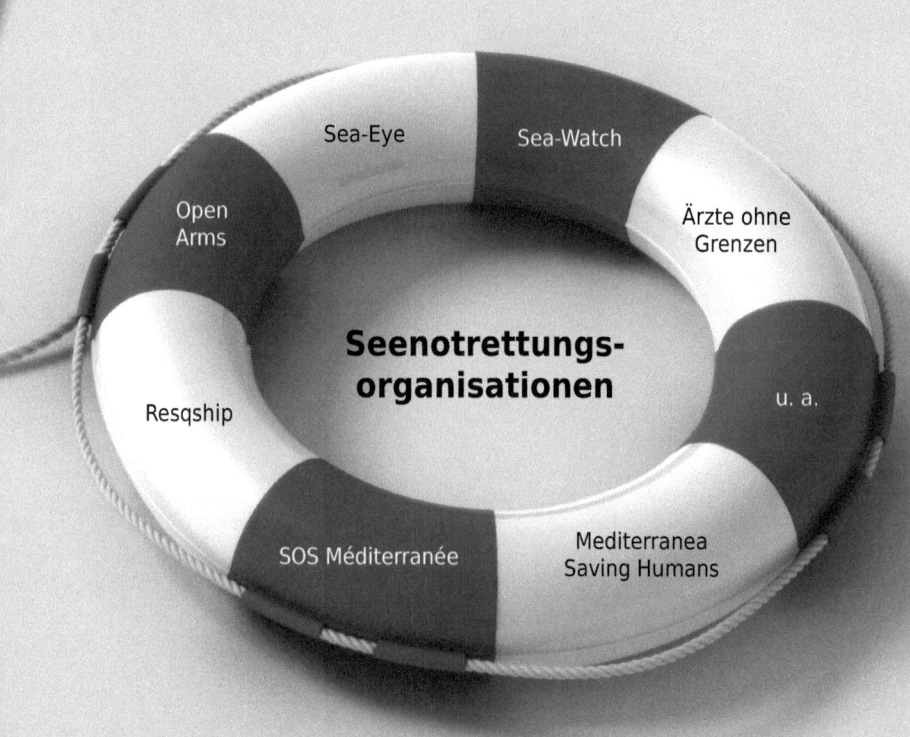

Sea-Eye

Sea-Watch

Open Arms

Ärzte ohne Grenzen

Seenotrettungs-organisationen

Resqship

u. a.

SOS Méditerranée

Mediterranea Saving Humans

Quellen: Zitat Kai Wegner: https://www.xing.com/news/klartext/die-sogenannten-seenotretter-sind-schlepperhelfer-3495; Zitat Gorden Isler: https://www.rnd.de/politik/seenotrettung-von-fluechtlingen-sea-eye-vorsitzender-gorden-isler-im-interview-W6ZOV-N5OFBCULDQBBQHMXRKIV4.html; Zitat United4Rescue: https://united4rescue.org; Zahlen von https://missingmigrants.iom.int/region/mediterranean

Seenot

 Seenot ist ein völkerrechtlicher Begriff, der aufgrund einer fehlenden gesetzlich festgelegten Definition zunächst der Auslegung bedarf. Dabei ist zu beachten, dass unterschiedliche Akteur:innen eigene Auslegungen des Rechtsbegriffs der Seenot vertreten. Manche Staaten fassen den Seenotbegriff enger als andere und auch im Europarecht wird der Seenotbegriff eigens definiert.

Was ist Seenot?

Der Begriff der → Seenot taucht in diversen juristischen Regelwerken auf, sei es auf nationaler, supranationaler oder internationaler Ebene. Auf internationaler Ebene genießen die Regelungen des Seerechtsübereinkommens der Vereinten Nationen (SRÜ) von 1982 (auch die „Verfassung der Meere" genannt) allgemeine Anerkennung, da das SRÜ überwiegend anerkanntes Völkergewohnheitsrecht kodifiziert und mit 169 Vertragsstaaten von 195 Staaten (Stand: Juni 2023) von der großen Mehrheit der Staatengemeinschaft ratifiziert wurde. Der Begriff der Seenot ist im SRÜ in den Art. 18, 39, 98 Abs. 1b, 109 und als Verweis in Art. 45 und 54 SRÜ zu finden, wird von dem Übereinkommen jedoch nicht definiert. Undefinierte juristische Begriffe bedürfen der Auslegung, die insbesondere auf internationaler Ebene von verschiedenen Akteur:innen vollzogen wird und zu der verschiedene Akteur:innen beitragen. Hierzu zählen primär Staaten, juristische Instanzen (hauptsächlich Gerichte, vordergründig internationale, aber auch nationale Gerichte) und internationale Organisationen (bspw. die International Maritime Organisation [IMO], aber auch Organe der Vereinten Nationen [UN] wie der Sicherheitsrat [SR] oder die Generalversammlung [GV]). Zudem legen auch Rechtswissenschaftler:innen das Völkerrecht tagtäglich aus und tragen hiermit zur Definition völkerrechtlicher Begriffe bei. Da es sich bei der Seenot um einen völkerrechtlichen Begriff handelt, der wiederum in einem internationalen Vertragswerk festgeschrieben ist, wird zu dessen Auslegung methodisch das Wiener Übereinkommen über das Recht der Verträge (WVK) von 1969 herangezogen (primär dessen Art. 31, sekundär Art. 32; → Welche grundsätzlichen Auslegungsmethoden kennt das Völkerrecht?).

Zum Begriff der Seenot und seiner Definition äußerten sich bereits seit dem frühen 19. Jahrhundert nationale Gerichte, so z. B. der British High Court of Admiralty in seinem The-Eleanor-Urteil im Jahr 1809.[1] Hintergrund des Falls war, dass ein ausländisches Schiff unerlaubt in den

---

1   High Court of Admiralty, Appeal from sentence condemning ship for breach of Navigation Laws, Urteil vom 22.11.1809, 165 Eng. Rep. 1058, 1068, https://app.vlex.com /#WW/vid/802780013 (zuletzt abgerufen am 22.11.2022).

Hafen von Halifax eingefahren war, woraufhin der Kapitän versuchte, sein Handeln mit dem Vorliegen einer Seenot zu rechtfertigen. Das Gericht urteilte, bei einer Seenot müsse es „[...] sich um eine dringende Notlage handeln; es muss sich um ein schwerwiegendes Ereignis handeln; [z. B.] ... wenn ein Schiff dem Wetter ausgesetzt ist".[2] Das Gericht sah im The-Eleanor-Urteil keine Seenot gegeben.

Auch der Supreme Court of the United States ging in seinem Urteil zu The New York[3] 1818 auf das Erfordernis eines schwerwiegenden Ereignisses ein. Das Gericht präzisierte, „das schwerwiegende Ereignis muss dringend sein und aus einem Zustand resultieren, der bei einem fachkundigen Seemann eine begründete Befürchtung des Verlustes von Schiff und Ladung, den Verlust des Schiffes und der Ladung oder des Lebens der Besatzung hervorruft". Auch in diesem Fall hatte ein Kapitän das rechtswidrige Einlaufen seines Schiffes in einen amerikanischen Hafen mit einer Seenot begründet.[4] Das Schiff hatte auf Geheiß seines Eigners aufgrund entgegenstehender Einfuhrbestimmungen vor der Einfahrt in den Hafen warten sollen, woraufhin die Besatzung ihre Sicherheit gefährdet sah und dem Kapitän drohte, das Schiff zu verlassen, sollte er nicht in den Hafen einfahren. Im Gegensatz zum The-Eleanor-Urteil sahen die amerikanischen Richter im The-New-York-Fall eine Seenot als gegeben an.[5]

Auf internationaler gerichtlicher Ebene sind solche grundlegenden Äußerungen bis heute nicht zu beobachten. Anerkannt ist jedoch, dass der Begriff der Seenot das Vorliegen eines schwerwiegenden Ereignisses voraussetzt.[6] Dies bedeutet aber nicht, dass sich ein Boot oder ein Schiff bereits im Prozess des Sinkens befinden muss. Aus der Perspektive von sachkundigen See-(oder Luft-)fahrzeugführer:innen liegt, in Anlehnung an die Definition aus dem The-New-York-Fall, ein schwerwiegendes

---

2   Ibid, 160.
3   Supreme Court of the United States, The New York, Urteil, 1818, U.S. Reports: New York, 16 U.S. (3 Wheat.) 59 (1818), 68, https://supreme.justia.com/cases/federal/us/16/5 9/ (zuletzt abgerufen am 22.11.2022).
4   Ibid.
5   Ibid.
6   George K. Walker (Hrsg.), Definitions for the Law of the Sea. Terms Not Defined by the 1982 Convention, Leiden: Nijhoff 2012, § 52 Distress, S. 169.

Ereignis dann vor, wenn aufgrund einer Sachlage die begründete Befürchtung besteht,

- dass das Schiff oder Luftfahrzeug und seine Ladung verloren gehen könnten
- oder dass die Sicherheit oder das Leben der Besatzung oder der Passagiere gefährdet sein könnte.[7]

Aus ebendieser Sachlage ergibt sich sodann die dringende Notwendigkeit, Hilfe zu leisten.[8] Spiegelbild dieser Notwendigkeit ist Art. 98 Abs. 1 SRÜ, wonach jeder Person, die auf See in Lebensgefahr angetroffen wird, Hilfe zu leisten ist und so schnell wie möglich Personen in Seenot zu Hilfe zu eilen ist, wenn Kenntnis von ihrem Hilfsbedürfnis erhalten wird, soweit diese Handlung vernünftigerweise erwartet werden kann (→ Wie ist der genaue Wortlaut der Vorschriften, die die Rechtspflicht zur Seenotrettung statuieren?). In ähnlicher Weise formuliert auch die International Convention on Maritime Search and Rescue (SAR-Convention) von 1979 das Vorliegen einer Seenotphase (englischer Begriff: „distress phase", in der offiziellen deutschen amtlichen Übersetzung bezeichnet als „Notstufe" [Ziffer 1.3.11[9]]). Das International Aeronautical and Maritime Search and Rescue Manual (IAMSAR Manual) von 2016 greift diese Formulierung auf und erweitert sie aufgrund des extensiveren Anwendungsbereichs des Manuals um andere Fahrzeuge und Flugzeuge (IAMSAR Manual 2016, Vol. II, Glossary, xix).

Während sich die Seenot also abstrakt über das Vorliegen eines schwerwiegenden Ereignisses definieren lässt, was von einer sachkundigen Person situativ beurteilt werden muss, kennt die Rechtswissenschaft auch die Konkretisierung einer Definition durch Heranziehen von sog. Regelbeispielen. Aus einer nichtjuristischen Perspektive vermag dies

---

7   S. Douglas Guilfoyle, Art. 98, Rn. 8 f., in: Alexander Proelß (Hrsg.), Commentary UNCLOS, Baden-Baden: Nomos 2017; Satya N. Nandan/Shabtai Rosenne, in: Myron H. Nordquist/Neal R. Grandy/Satya N. Nandan/Shabtai Rosenne (Hrsg.), UNCLOS 1982. A Commentary, 3. Auflage, Leiden: Brill 1995, S. 170 (S. 175).

8   George K. Walker (Hrsg.), Definitions for the Law of the Sea. Terms Not Defined by the 1982 Convention, Leiden: Nijhoff 2012, § 52 Distress, S. 169.

9   Abrufbar als Onlineversion des Bundesgesetzblattes *(bgbl.de)* unter: https://www .bgbl.de/xaver/bgbl/start.xav?start=%2F%2F%5B%40attr_id%3D%27bgbl282s0485b.pdf %27%5D#__bgbl__%2F%2F*%5B%40attr_id%3D%27bgbl282s0485b.pdf%27%5D__167707 4997922 (zuletzt abgerufen am 22.11.2022).

ein einfacherer Zugang zu dem Begriff der Seenot zu sein. Angeführt werden regelmäßig:

- das Vorliegen ungünstiger Wetterlagen,
- das mechanische Versagen (z. B. durch Manövrierunfähigkeit) eines Schiffes (oder Luftfahrzeugs),
- ein von Menschen verursachtes Ereignis, wie etwa ein Zusammenstoß mit einem anderen Schiff (oder Luftfahrzeug),
- ein Mangel an Bordrettungsmitteln (z. B. Rettungswesten),
- ein Mangel an Wasser oder Nahrung an Bord,
- eine mangelnde medizinische Versorgung mit notwendigen Medikamenten,
- eine die Sicherheit des Schiffes oder die Gesundheit der Passagiere gefährdende Überbelegung.

Liegen konkrete Umstände – wie bspw. die oben genannten – vor, so lassen sie regelmäßig den Schluss zu, dass eine → Seenot vorliegt. Während die juristische und damit abstrakte Perspektive also den Ausgangspunkt bildet, wird das Vorliegen von Seenot durch eine faktische und nicht durch eine rechtliche, also abstrakte Lage bestimmt. Manche rechtlichen Instrumentarien greifen solche praktischen Beispiele zur Beurteilung der Lage auf, so etwa die europäische Seeaußengrenzen-Verordnung Nr. 656/2014 (EU-Seeaußengrenzen-VO) in ihrem Art. 9 Abs. 2 lit. e, f. Fraglich ist indes, inwiefern solch ein Akt einer inter-/supranationalen Organisation die Auslegung eines völkerrechtlichen Begriffs wie dem der Seenot, der aus einem nicht originär der EU entstammenden Vertragstext herrührt, beeinflussen kann (→ Welche Relevanz haben die Akte internationaler Organisationen für die Auslegung des Völkerrechts?).

In der Völkerrechtswissenschaft als auch in der Staatenpraxis finden sich darüber hinaus sowohl eher enge als auch weitere Auslegungen des Seenotbegriffs. Ein eher enger bzw. restriktiver Seenotbegriff wird insbesondere durch Malta formuliert. Nach maltesischer Überzeugung liegt ein Seenotrettungsfall erst dann vor, wenn die Situation ohne möglichst schnelle Intervention Dritter sehr wahrscheinlich zu Todesfällen oder Verletzten führen würde. Italien vertritt demgegenüber eine weniger restriktive Auslegung, wonach hochseeuntaugliche Boote sich prinzipiell in Seenot befinden.[10] In der Völkerrechtswissenschaft wird argumentiert, dass die hohe Bedeutung des Menschenrechts auf Leben für eine weite Auslegung des Seenotbegriffs spricht, da man ansonsten dem Schutzgehalt des Menschenrechts auf Leben nicht gerecht werden würde.[11]

Wie definiert das Europarecht den Begriff der Seenot?

Art. 9 EU-Seeaußengrenzen-VO beschäftigt sich mit Such- und Rettungssituationen. Dabei bestätigt Art. 9 Abs. 1 EU-Seeaußengrenzen-VO die Pflicht eines jeden Mitgliedsstaates zur Seenotrettung, wie sie auch aus Art. 98 SRÜ ergeht. Es wird spezifisch Bezug auf das Völkerrecht genommen und das Diskriminierungsverbot betont: Die Pflicht zur → Seenotrettung gilt ohne Rücksicht auf die Staatsangehörigkeit, den Status oder die Umstände einer in → Seenot aufgefundenen Person (→ Gilt die Pflicht zur Seenotrettung auch gegenüber Personen, die sich möglicherweise selbstverschuldet in Seenot gebracht haben?). Im Rahmen des Seenotrettungseinsatzes sind die beteiligten Einsatzkräfte zur Koordination mit einer Seenotrettungsleitstelle (→ Maritime Rescue Coordination Centre (MRCC)) verpflichtet, vgl. Art. 9 Abs. 2 lit. h, i EU-Seeaußengrenzen-VO (zur Einrichtung von MRCCs → Welchen Rechtspflichten unterliegen Küstenstaaten?). Die EU-Seeaußengrenzen-VO definiert dabei nicht die Seenot selbst, sondern das Vorliegen einer Seenotphase (Englisch: „distress phase", deutsche Übersetzung: „Notsituation"). Dieser Wortlaut entspricht damit weit überwiegend der SAR-Convention und dem IAMSAR Manual. Die europarechtliche Regelung ist dabei aber, wie die unten aufgeführte Norm zeigt, wesentlich präziser und differenzierter in ihrem Wortlaut als das SRÜ oder die SAR-Convention.

---

10   Felicity G. Attard, The Duty of the Shipmaster to Render Assistance at Sea under International Law, Leiden: Brill | Nijhoff 2020, S. 65 mwN.

11   S. Martin Ratcovich, International Law and the Rescue of Refugees at Sea, Stockholm: Department of Law, Stockholm University 2019, S. 81 mwN.

Art. 9 Abs. 2 lit.:

„e) Ein Schiff oder die an Bord befindlichen Personen gelten insbesondere dann als in einer Notsituation befindlich,

i) wenn gesicherte Informationen eingehen, dass sich eine Person oder ein Schiff in Gefahr befindet und sofortiger Hilfe bedarf, oder

ii) wenn im Anschluss an eine Bereitschaftssituation weitere erfolglose Versuche zur Verbindungsaufnahme mit einer Person oder einem Schiff und umfangreichere erfolglose Nachforschungen auf die Wahrscheinlichkeit hindeuten, dass eine Notsituation vorliegt, oder

iii) wenn Informationen eingehen, die darauf hinweisen, dass die Betriebstüchtigkeit eines Schiffs in einem Ausmaß beeinträchtigt ist, dass eine Notlage wahrscheinlich ist.

f) Die beteiligten Einsatzkräfte berücksichtigen bei der Prüfung, ob sich das Schiff in einer Ungewissheits-, Bereitschafts- oder Notsituation befindet, alle einschlägigen Informationen und Beobachtungen und übermitteln sie an die zuständige Rettungsleitstelle; dazu gehören u. a. Informationen darüber,

i) ob ein Hilfeersuchen besteht, auch wenn ein solches Ersuchen nicht der einzige Faktor für die Feststellung sein darf, dass eine Notsituation vorliegt;

ii) ob das Schiff seetüchtig ist und wie wahrscheinlich es ist, dass das Schiff seinen Zielort nicht erreichen wird;

iii) ob die Anzahl der an Bord befindlichen Personen in einem angemessenen Verhältnis zur Art und zum Zustand des Schiffs steht;

iv) ob die notwendigen Vorräte wie Treibstoff, Wasser und Nahrungsmittel für die Weiterfahrt bis zur Küste vorhanden sind;

v) ob eine qualifizierte Besatzung und Schiffsführung vorhanden sind;

vi) ob eine leistungsfähige Sicherheits-, Navigations- und Kommunikationsausrüstung vorhanden ist;

vii) ob Personen an Bord sind, die dringend medizinische Hilfe benötigen;

viii) ob Tote an Bord sind;

ix) ob Schwangere oder Kinder an Bord sind;

x) wie Wetterbedingungen und Seegang, einschließlich Wetter- und Seewettervorhersage, sind."

Wie bereits oben angemerkt finden die europarechtlichen Regelbeispiele nur im Regelungsbereich der EU-Seeaußengrenzen-VO, also im Bereich von Frontex-geleiteten Grenzüberwachungseinsätzen, An-

wendung, vgl. Art. 1 EU-Seeaußengrenzen-VO. Der völkerrechtliche
Tatbestand der Seenot muss eigenständig ausgelegt werden, die europarechtlichen Regelbeispiele können aber ggf. als Akte supranationaler
Organisationen bei der Auslegung (sekundär) berücksichtigt werden
(→ Welche grundsätzlichen Auslegungsmethoden kennt das Völkerrecht?, → Welche Relevanz haben die Akte internationaler Organisationen für die Auslegung des Völkerrechts?).

Welche grundsätzlichen Auslegungsmethoden kennt das Völkerrecht?

Die Auslegung von Völkervertragsrecht (vgl. Art. 38 Abs. 1 lit. a des Statuts
des Internationalen Gerichtshofs) verläuft größtenteils entlang der aus dem
nationalen Recht bekannten Auslegungsmethoden (Wortlaut, Telos, Syste-
matik, Historie) mit einigen kleineren Abweichungen. Im Völkerrecht sind –
im Gegensatz zum nationalen Recht – die heutzutage anerkannten Metho-
den in Art. 31 und 32 der WVK normiert, welche ihren Anwendungsbereich
auf das Völkervertragsrecht erstrecken, vgl. Art. 1 WVK. Ausgangspunkt
bildet eine Wortlautinterpretation, die im Kontext des jeweiligen Vertrages
in seiner authentischen Sprachfassung durchgeführt werden muss. Welche
Sprache die authentische Sprache ist, wird im Vertrag immer angegeben. Als
authentisch gelten dabei in der Regel zwei oder mehr Sprachen. Ausgehend
vom Wortlaut im Kontext des jeweiligen Vertrages wird auch der *telos* (Sinn
und Zweck) des Vertrages oder der entsprechenden Norm herangezogen,
Art. 31 Abs. 1 WVK. Der Kontext wird dabei mannigfaltig definiert als (a) der
Vertragstext inklusive der Präambel, (b) jede sich auf den Vertrag beziehende
Übereinkunft, die zwischen allen Parteien anlässlich des Abschlusses des
Vertrags getroffen wurde, (c) jede Urkunde, welche durch eine oder mehr
Vertragsparteien in Verbindung mit dem Vertragsschluss geschlossen wurde
und welche die anderen Parteien als auf den Vertrag bezugnehmend akzep-
tieren, Art. 31 Abs. 2 WVK. Gemeinsam mit dem Kontext soll außerdem
in systematischer Hinsicht (a) jede spätere Übereinkunft zwischen den
Vertragsparteien über die Auslegung des Vertrags oder die Anwendung
seiner Bestimmungen, (b) jede spätere Übung bei der Anwendung des
Vertrags, aus der die Übereinstimmung der Vertragsparteien über seine
Auslegung hervorgeht, (c) jeder in den Beziehungen zwischen den Vertrags-

parteien anwendbare einschlägige Völkerrechtssatz berücksichtigt werden. Im Gegensatz zu nationalen Auslegungsmethoden ist eine Auslegung unter historischen Gesichtspunkten nach Art. 32 WVK nur hilfsweise heranzuziehen, sofern Unklarheiten nach Auslegung gem. Art. 31 WVK bestehen.[12] Im Seenotrettungsrecht bedürfen insbesondere der Begriff der Seenot sowie der Begriff → sicherer Ort (→ Welche Unsicherheiten bestehen bei der Auslegung des Begriffs der Seenot?, → Was ist ein „sicherer Ort"?) einer Auslegung, um die daraus resultierenden Rechtsfolgen zu ermitteln.

Literaturtipps | Eine vertiefende Darstellung der Auslegungsmethoden des Völkerrechts nach der WVK kann in vereinfachter Darstellung gefunden werden bei: Andreas von Arnauld, Völkerrecht, 5. Auflage, Heidelberg: C. F. Müller 2023, ab S. 92, Rn. 230 f. Für eine detaillierte Darstellung in englischer Sprache sei verwiesen auf: Oliver Dörr/Kirsten Schmalenbach, Vienna Convention on the Law of Treaties: A Commentary, 2. Auflage, Berlin: Springer 2018, Kommentierung zu Art. 31 und 32.

Welche Relevanz haben die Akte internationaler Organisationen für die Auslegung des Völkerrechts?

Eine noch nicht abschließend geklärte Frage des Völkerrechts stellt die Relevanz der Akte internationaler Organisationen für dessen Auslegung dar. Zur Erfüllung ihrer oftmals sehr spezifischen Aufgaben müssen internationale Organisationen teilweise verbindliche und teilweise unverbindliche Akte verabschieden. Diese könnten in der Folge hypothetisch Einfluss auf die Auslegung des Völkerrechts nehmen.[13] Es muss zunächst unterschieden werden, um welche Arten von Akten es sich handelt: Sind diese rechtlich verbindlich oder unverbindlich? Rechtlich verbindliche Akte sind bspw. einige der in Art. 288 des Vertrages über die Arbeitsweise der Europäischen Union (AEUV)

---

12   Andreas von Arnauld, Völkerrecht, 5. Auflage, Heidelberg: C. F. Müller 2023, Rn. 230 ff.
13   Oft bilden die Akte internationaler Organisationen Entwicklungen im internationalen Recht ab, s. Andreas von Arnauld, Völkerrecht, 5. Auflage, Heidelberg: C. F. Müller 2023, Rn. 279 f.

enumerierten Rechtsetzungsmöglichkeiten der EU (so die Verordnungen, Richtlinien und Beschlüsse; nicht jedoch die Empfehlungen und Stellungnahmen). Man kann aber auch weitere Handlungen als Akt verstehen, so z. B. Entwürfe, Resolutionen, Empfehlungen, Handbücher oder Richtlinien internationaler Organisationen.[14] Darüber hinaus ist von Relevanz, welcher Akteur den Akt verabschiedet hat, der zur Auslegung herangezogen werden soll. Handelt es sich um eine Resolution der UN und innerhalb dieser des Sicherheitsrats oder der Generalversammlung? Hat eine Menschenrechtskommission oder ein anderes durch einen Vertrag eingesetztes Komitee den Akt verabschiedet? Außerdem muss beleuchtet werden, wie das jeweilige Organ zusammengesetzt ist: durch Staatenvertreter:innen oder durch Expert:innen? Denn im Völkerrecht gilt der sog. Konsensgrundsatz: Eine Bindung eines Staates durch eine Vorschrift des Völkerrechts ist grundsätzlich von seiner Zustimmung abhängig. Insofern muss auch bei der Auslegung von Völkerrecht eine gewisse „Legitimationskette" gefordert sein. In diesem Zusammenhang ist von Relevanz, ob Akte internationaler Organisationen, die dem Vertrag „fremd" sind, für die Interpretation des Vertrages herangezogen werden sollen oder ob Akte von Vertragsorganen zur Interpretation herangezogen werden. Letzterer Fall erscheint methodisch weniger problematisch: Verabschiedet die EU eine Verordnung, so kann diese sicherlich zur Interpretation des AEUV herangezogen werden. Der erste Fall, in dem bspw. eine Verordnung der EU zur Interpretation des SRÜ herangezogen werden soll, stellt vor größere methodische Hürden. Als Beispiel wäre hier die Heranziehung der EU-Seeaußengrenzen-VO für die Interpretation des Begriffs der Seenot nach dem SRÜ zu nennen. Die EU ist eine regionale supra-/internationale Organisation, die durch Setzung von Akten Einfluss auf Verträge nehmen könnte, die in einem globalen, also nicht nur regionalen Kontext gelten. Löst man all diese methodischen Hürden, muss sodann evaluiert werden, wie solche Akte sich im Kontext der Art. 31, 32 WVK einordnen lassen. Hält man diese als methodisches Auslegungsinstrument für abschließend, so ließe sich argumentieren, dass Akte internationaler Organisationen

---

14   Grundsätzlich zu Rechtsakten internationaler Organisationen s. Henry G. Schermers/Niels M. Blokker, International Institutional Law. Unity within Diversity, 6. Auflage, Leiden/Boston: Brill | Nijhoff, 2018, S. 785 ff.

zur sog. *evolutive interpretation* von Vertragswerken unter Art. 31 WVK beitragen können. Gebunden ist eine solche Argumentation und methodische Einbeziehung aber nichtsdestotrotz an die Voraussetzung eines gewissen Staatenkonsens. Außerhalb der WVK ließe sich bei Analyse der Staatenpraxis und Rechtsüberzeugung der Staaten ggf. auch eine gewohnheitsrechtliche Interpretationsnorm finden. Dies ist aber bis dato in völkerrechtswissenschaftlichen Kreisen nicht abschließend geklärt. Die Praxis zeigt eher, dass Akte internationaler Organisationen nur selten zur Auslegung herangezogen werden.

Literaturtipp | Eine vertiefende Darstellung zur Frage der Relevanz der Akte internationaler Organisation für die Auslegung des Völkerrechts findet sich bei: Kirsten Schmalenbach, Acts of International Organizations as Extraneous Material for Treaty Interpretation, Netherlands International Law Review 69 (2022), S. 271–293.

Welche Unsicherheiten bestehen bei der Auslegung des Begriffs der Seenot?

Die bisherigen Ausführungen haben gezeigt, dass der Begriff der Seenot auslegungsbedürftig, aber auch auslegungsfähig ist. Es kann zwischen einer engen und einer weiten Auslegung des Seenotrettungsbegriffes unterschieden werden. Unklarheiten bestehen darüber hinaus in Bezug auf konkrete Einzelfälle. Im Rahmen der International Maritime Rescue Federation (IMRF) wurde z. B. diskutiert, ob die Anwesenheit ärztlichen Fachpersonals auf einem Kreuzfahrtschiff das Vorliegen von → Seenot bei Krankheit von Passagier:innen ausschließe. Außerdem wurde bereits diskutiert, ob bei einer abgestürzten Drohne Seenot vorliegen könne – obwohl sich in einem solchen Fall weder ein Mensch noch ein Schiff in Seenot befinden würden. Daher wird teilweise gefordert, Seenot anthropozentrisch zu definieren, wonach sich immer ein Mensch mit hoher Wahrscheinlichkeit in Gefahr befinden müsse, auch wenn die Gefahrenquelle extern (außerhalb des Menschen) liegen kann. Die IMRF schlägt daher die folgende (rechtlich unverbindliche) Definition von Seenot vor:

„A Situation wherein there is a reasonable certainty that a person or persons are threatened by grave and imminent danger and require immediate assistance" [deutsche Übersetzung: „eine Situation, in der mit hinreichender Sicherheit davon ausgegangen werden kann, dass eine Person oder mehrere Personen von einer schweren und unmittelbaren Gefahr bedroht sind und sofortige Hilfe benötigen"].

Allerdings wurde diese Definition als zu weitreichend kritisiert, da sie auch auf Situationen an Land anwendbar sei. Konträr zur Meinung der IMRF wird argumentiert, ein Fall von Seenot könne ebenso vorliegen, sofern andere Interessen betroffen seien, die außerhalb der Menschen an Bord, dem Schiff oder seiner Fracht lägen. Als Beispiel wird angeführt, dass ein Schiff in Seenot die Seefahrt oder die Nutzung eines Hafens behindern könne. Öl oder andere gefährliche Fracht könne dem sich in Seenot befindenden Schiff entweichen und die Meeresumwelt oder Küstenbewohnende gefährden.[15]

 ## Befinden sich Menschen in Schlauchbooten im zentralen Mittelmeer per se in Seenot?

Die Menschen, die über das zentrale Mittelmeer versuchen, Europa zu erreichen, verlassen die nordafrikanische Küste (oft Libyen, aber auch Tunesien und andere Länder) auf stark überladenen und daher instabilen Schlauch- oder einfachen Holzbooten, teilweise auch Glasfaserbooten. Sie werden regelmäßig von sog. Schleppern auf das offene Meer entlassen. Die Entfernung zwischen der libyschen Küste und Malta beträgt rund 400 km. An Bord befinden sich weder ausreichender Proviant in Form von Trinkwasser oder Lebensmitteln noch genügend Treibstoffversorgung, Navigations- oder Kommunikationsausrüstung. Auch Sicherheitswesten oder ähnliches Rettungsequipment sind in der Regel nicht vorhanden. Bei Schlauchbooten besteht die Gefahr, dass aus den einzelnen Luftkammern Luft entweicht und das Boot sinkt. Holzboote sind sehr instabil und drohen bei Überladung oder starkem Wellengang schnell zu kentern. Vor diesem Hintergrund sind

---

15   John E. Noyes, Ships in Distress (2021), in: Rüdiger Wolfrum (Hrsg.), Max Planck Encyclopedia of Public International Law, Oxford: Oxford University Press, Rn. 1, http ://opil.ouplaw.com/home/EPIL (zuletzt abgerufen am 09.06.2021).

die Boote nicht für eine direkte Überfahrt geeignet – im Gegenteil, sie gelten gemeinhin als hochseeuntauglich und bei einer Überfahrt daher als lebensgefährlich. Seit 2014 haben rund 27.000 Menschen im Mittelmeer bei einer nicht geglückten Überfahrt ihr Leben verloren.[16] Unter Völkerrechtswissenschaftler:innen wird daher überwiegend die These vertreten, dass sich die Menschen in Schlauchbooten auf dem zentralen Mittelmeer bereits zu dem Zeitpunkt in Seenot befinden, zu dem sie die Fahrt antreten. Staatliche Einsatzkräfte und NGOs gingen ab 2015 dazu über, geborgene Boote zu zerstören, damit sie nicht erneut von Schleppern benutzt werden oder im Meer treiben und Tage später den (falschen) Eindruck erwecken, dass die sich ehemals an Bord befindlichen Menschen bereits ertrunken sind.

Literaturtipps | Eine vertiefte juristische Auseinandersetzung zum Thema maritime Migration findet sich bei: Aphrodite Papachristodoulou, Mediterranean Maritime Migration: The Legal Framework of Saving Lives at Sea, University College Dublin Law Review 20 (2020), S. 95–97; Violeta Moreno-Lax, Seeking Asylum in the Mediterranean: Against a Fragmentary Reading of EU Member States' Obligations Accruing at Sea, International Journal of Refugee Law 23.2 (2011), S. 22–23; Lisa-Marie Komp, The Duty to Assist Persons in Distress, in: Violeta Moreno-Lax/ Efthymios Papastavridis (Hrsg.), ‚Boat Refugees' and Migrants at Sea: A Comprehensive Approach. Integrating Maritime Security with Human Rights, Leiden/Boston: Brill | Nijhoff 2017, S. 229, 233–234.

Was ist *force majeure* in Abgrenzung zu Seenot?

In den Küstengewässern eines Staates (→ Welche maritimen Zonen gibt es und wo gilt die Pflicht zur Seenotrettung?) darf nur aus Gründen von *force majeure* oder Seenot gestoppt und geankert werden, vgl. Art. 18 Abs. 2 SRÜ. Ähnliches ergibt sich für Meerengen, die der internationalen Schifffahrt

---

16   Judith Sunderland, Endless Tragedies in the Mediterranean Sea, Human Rights Watch (13.09.2022), https://www.hrw.org/news/2022/09/13/endless-tragedies-mediterranean-sea (zuletzt abgerufen am 02.11.2022).

dienen (vgl. Art. 39 Abs. 1 lit. C SRÜ und Art. 45 Abs. 1 lit. a SRÜ), und Archipelstaaten (vgl. Art. 54 SRÜ). Es drängt sich daher die Frage auf, worin der Unterschied zwischen *force majeure* und dem Begriff der Seenot liegt.

Mit dem Begriff *force majeure* oder auch „höhere Gewalt" werden unaufhaltsame und unvorhersehbare Notfälle bezeichnet, die durch externe Faktoren verursacht werden.[17] *Force majeure* verrechtlicht dabei den Grundsatz, dass von niemandem erwartet werden kann, das Unmögliche zu leisten.[18] Dabei wird auf dieselben abstrakten Umstände verwiesen, die auch einen Seenotfall begründen können. Force-majeure-Situationen entstehen im Unterschied zur Seenot aber primär durch externe Umstände, die für ein Schiff, ein Flugzeug oder die jeweilige Crew bzw. die jeweiligen Passagier:innen erheblich sind. Bei diesen externen Umständen handelt es sich häufig um Naturkatastrophen, bspw. in Form eines Unwetters. Im Gegensatz zur Seenot, bei der es sich in rechtlicher Hinsicht um eine Notlage handelt, ist die höhere Gewalt durch das Unvermögen der Akteur:innen charakterisiert, seinen bzw. ihren freien Willen auszuüben.[19] Unter diesen Umständen wird die Beachtung des Völkerrechts unzumutbar und unmöglich. Im Falle einer Notlage, wie der Seenot, wird die Beachtung des Völkerrechts ebenso unzumutbar, aber nicht notwendigerweise unmöglich. Damit ist gemeint, dass das Völkerrecht unter Einsatz des Lebens der Betroffenen zwar eingehalten werden könnte, dies aber unzumutbar wäre.[20] Der Unterschied zwischen *force majeure* und der Seenot hat aber auch in anderer Hinsicht Relevanz: *Force majeure* kann haftungsausschließend wirken und auch auf Sachverhalte an Land angewandt werden, wohingegen die Seenot einen dem Seerecht spezifischem Umstand regelt und die rechtliche Folge der Pflicht zur Seenotrettung nach sich zieht (vgl. Art. 98 SRÜ).

---

17   Vgl. Simon Hentrei/Ximena Soley, Force Majeure (2011), in: Rüdiger Wolfrum (Hrsg.), Max Planck Encyclopedia of Public International Law, Oxford: Oxford University Press, Rn. 11, http://opil.ouplaw.com/home/EPIL (zuletzt abgerufen am 09.06.2021).
18   Ibid, Rn. 1.
19   Ibid, Rn. 12.
20   Andreas von Arnauld, Völkerrecht, 5. Auflage, Heidelberg: C. F. Müller 2023, Rn. 429 ff.

Wie wird Seenot im humanitären Völkerrecht behandelt?

In einem bewaffneten Konflikt findet das humanitäre Völkerrecht Anwendung. Auch in diesem Kontext gilt die Pflicht zur Seenotrettung. Sie unterliegt in diesem Szenario allerdings einigen signifikanten Einschränkungen. Im Rahmen der anwendbaren Konventionen des humanitären Völkerrechts gelten nicht nur Zivilpersonen, die sich auf Hoher See in Gefahr befinden und feindselige Handlungen unterlassen, als „Schiffbrüchige", sondern auch Angehörige des Militärs (Art. 8 des Ersten Zusatzprotokolls zu den Genfer Konventionen [ZP I]).[21] Nach jeder feindseligen Handlung müssen diese Schiffbrüchigen von den Konfliktparteien nach Möglichkeit gesucht und eingesammelt bzw. gerettet werden, vgl. Art. 18 der zweiten Genfer Konvention (GK II). Dies stellt eine Einschränkung in zeitlicher Hinsicht dar, welche nach Art. 98 Absatz 1 SRÜ nicht gilt. Des Weiteren wird – ähnlich wie in Friedenszeiten durch Art. 98 Abs. 1 SRÜ – eine Einschränkung im Rahmen des *Möglichen* vorgenommen. Während Art. 18 GK II für die Konfliktparteien gilt, ist Art. 21 GK II auf neutrale Schiffe (also solche, die nicht Parteien des bewaffneten Konflikts sind) anwendbar und wird durch Art. 98 SRÜ komplementiert.[22]

Die Rettungsaktionen werden und wurden häufig durch besonders dafür ausgerüstete militärische Lazarettschiffe oder Sanitätseinheiten unternommen (im Zweiten Weltkrieg bspw. durch die Schiffe der Deutschen Gesellschaft zur Rettung Schiffbrüchiger in der Nord- und Ostsee, gekennzeichnet durch ein großes rotes Kreuz). Gemeinsam mit Lazarettschiffen von offiziell anerkannten Hilfsorganisationen (z. B. des Roten Kreuzes) und Privatpersonen müssen sie nach Art. 22 und 24 GK II respektiert und geschützt werden.[23] Auch Seenotrettungsboote von offiziell anerkannten staatlichen Seenotrettungsinstitutionen ge-

---

21 Irini Papanicolopulu, The duty to rescue at sea, in peacetime and in war: A general overview, International Review of the Red Cross 98.2 (2016), S. 491 (S. 505).

22 Irini Papanicolopulu, The duty to rescue at sea, in peacetime and in war: A general overview, International Review of the Red Cross 98.2 (2016), S. 491 (S. 509); Raul A. Pedrozo, Duty to Render Assistance to Mariners in Distress During Armed Conflict at Sea: A U.S. Perspective, International Law Studies 94 (2018), S. 102 (S. 125).

23 ICRC (Hrsg.), Commentary on the Second Geneva Convention: Convention (II) for the Amelioration of the Condition of the Wounded, Sick and Shipwrecked Members of Armed Forces at Sea, 2. Auflage, Cambridge: Cambridge University Press 2017, Art. 27

nießen Schutz, wobei dieser durch die operationellen Voraussetzungen der Kriegsparteien eingeschränkt wird (Art. 27 GK II). „Offiziell anerkannt" bedeutet hierbei, dass die Institution durch die Regierung eines Staates oder ein anderes dem Staat zuordenbares Organ zugelassen oder autorisiert worden sein muss, Seenotrettungsaufgaben wahrzunehmen. Ersichtlich enthält Art. 27 Abs. 1 GK II eine Einschränkung durch die „operationellen Voraussetzungen". So können bspw. Seenotrettungseinsätze aus militärischen Erwägungen verhindert oder untersagt werden.[24] Das ZP I ist jedoch parallel anwendbar und verhindert, dass Seenotrettungsboote rechtmäßig angegriffen werden dürfen, da sie keine militärischen Objekte darstellen (Unterscheidungsgrundsatz im humanitären Völkerrecht).[25] Genauso wie in Friedenszeiten müssen Schiffbrüchige auch im Rahmen bewaffneter Auseinandersetzungen unabhängig ihrer Nationalitäten gerettet werden (vgl. Art. 30 GK II).

Gibt es Beispiele, wie Seenot in Kriegssituationen gehandhabt wird?

Zwei historische Beispiele sollen an dieser Stelle erläutert werden: Das italienische U-Boot Cappellini unter dem Kommando von Kommandeur Todaro versenkte am 16.10.1940 die belgische Kabalo. Daraufhin leitete die Cappellini die Rettung der Überlebenden ein. Im Rahmen der Such- und Rettungsaktion schleppte sie eine Barkasse mit Überlebenden drei Tage an der Wasseroberfläche bis zur Insel Santa Maria auf den Azoren. Mit der Rettung der Mannschaft des versenkten U-Boots zeigte der Kommandeur, wie eine Such- und Rettungsoperation in Kriegszeiten nach feindlichen Handlungen aussehen kann. Gegenstimmen sehen in Todaros Handlungen jedoch nur ein „bewundernswertes Hinausschießen" über die anwendbaren

---

Rn. 2149; Irini Papanicolopulu, The duty to rescue at sea, in peacetime and in war: A general overview, International Review of the Red Cross 98.2 2016), S. 491 (S. 505).

24   ICRC (Hrsg.), Commentary on the Second Geneva Convention: Convention (II) for the Amelioration of the Condition of the Wounded, Sick and Shipwrecked Members of Armed Forces at Sea, 2. Auflage, Cambridge: Cambridge University Press 2017, Art. 27 Rn. 2206.

25   ICRC (Hrsg.), Commentary on the Additional Protocol to the Geneva Conventions of 12 August 1949, and relating to the Protection of Victims of International Armed Conflicts (Protocol I), 8 June 1977 (1987), Art. 12 Rn. 512 f.

Reglungen. Während der drei Tage an der Wasseroberfläche setzte sich die Cappellini nämlich Angriffen durch feindliche Kräfte aus.[26]

Ein anderer in die Geschichte eingegangener Fall ist bekannt unter dem Stichwort des „Laconia-Befehls". Während des Zweiten Weltkrieges verbot Großadmiral Karl Dönitz der deutschen Wehrmacht Rettungsmaßnahmen auf See.[27] Der Befehl war vor dem Hintergrund ergangen, dass zuvor im September 1942 ein deutsches U-Boot die RMS Laconia versenkt hatte. Trotz gegenteiliger Befehle seiner Vorgesetzten leitete der Kapitän eines deutschen U-Bootes eine Rettungsaktion ein und bat in drei offenen Radionachrichten um weitere Unterstützung bei der Rettung. Dennoch wurde das deutsche U-Boot noch während der Rettungsmaßnahmen von einem amerikanischen Bomber angegriffen.[28] Uneinigkeit besteht darüber, ob der Wortlaut des Dönitz'schen Befehls auch die Tötung Schiffbrüchiger vorsah. Im Rahmen der Nürnberger Prozesse stand Karl Dönitz letztlich vor Gericht und äußerte sich zum Laconia-Befehl. Während er dabei die Pflicht zur Seenotrettung in Friedenszeiten anerkannte und stärkte, argumentierte er, dass in Kriegszeiten andere Maßstäbe gälten. Zum Beispiel dürfe ein militärisches Schiff durch die Rettung nicht in Gefahr gebracht werden, indem es etwa feindseligen Angriffen ausgesetzt werde.[29] Es ist jedoch nicht

---

26 Irini Papanicolopulu, The duty to rescue at sea, in peacetime and in war: A general overview, International Review of the Red Cross 98.2 (2016), S. 491 (S. 506).

27 „Do not rescue any men; do not take them along; and do not take care of any boats of the ship. Weather conditions and proximity of land are of no consequence. Concern yourself only with the safety of your own boat and with efforts to achieve additional successes as soon as possible. We must be hard in this war. The enemy started the war in order to destroy us, and thus nothing else matters." (S. Avalon Project, Nuremberg Trial Proceedings Vol. 13: One hundred and twenty-fifth day, Thursday, 9 May 1946, h ttps://avalon.law.yale.edu/imt/05-09-46.asp; zuletzt abgerufen am 02.11.2022)

28 Konrad Graczyk, „Laconia Order" and the Responsibility of Admiral Dönitz before the Nuremberg Military Tribunal, ZNWSOWL (Journal of Science of the Military Academy of Land Forces) 184 (2017), S. 5 (S. 6).

29 „DOENITZ: No. These two things are not connected with each other in any way. One must distinguish very clearly here between the question of rescue or nonrescue, and that is a question of military possibility. During a war the necessity of refraining from rescue may well arise. For example, if your own ship is endangered thereby, it would be wrong from a military viewpoint and, besides, would not be of value for the one to be rescued; and no commander of any nation is expected to rescue if his own ship is thereby endangered. The British Navy correctly take up a very clear, unequivocal position in this respect: that rescue is to be denied in such cases; and that is evident also from their actions and commands. That is one point." (S. Avalon Project, Nuremberg Trial Proceedings Vol. 13: One hundred and twenty-fifth day, Thursday, 9 May 1946, h ttps://avalon.law.yale.edu/imt/05-09-46.asp; zuletzt abgerufen am 02.11.2022.)

zu vergessen, dass Schiffe, die in Rettungsoperationen involviert sind, nach dem humanitären Völkerrecht nicht angegriffen werden dürfen. Die Richter der Nürnberger Prozesse im Fall Dönitz bezweifelten jedenfalls, dass der Laconia-Befehl die Tötung Schiffbrüchiger vorsah, weshalb sie Dönitz nicht der vorsätzlichen Tötung Schiffbrüchiger für schuldig befanden.[30]

---

30   Avalon Project, Nuremberg Trial Proceedings Vol. 13: One hundred and twenty-fifth day, Thursday, 9 May 1946, https://avalon.law.yale.edu/imt/05-09-46.asp (zuletzt abgerufen am 02.11.2022).

Seenotrettung damals und heute

 Die heutige Seenotrettung ist das Ergebnis einer Entwicklung über mehrere Jahrhunderte, von der küstennahen Seenotrettung hin zur Hochseenotrettung. Die historischen Entwicklungen werden hier dargestellt und durch praktisch relevante Fragen komplementiert. Insbesondere werden die involvierten Akteur:innen und die verschiedenen Formen von Seenotrettung anschaulich vorgestellt.

Wie hat sich die küstennahe Seenotrettung historisch entwickelt?

Die bisher dargestellten historischen Beispiele zeigen, dass Seenotrettung historisch gewachsen ist. Ohne die historischen Vorgänger und Entwicklungen wäre der aktuelle „Rettungsstandard", wie er auch auf dem zentralen Mittelmeer ausgeführt wird, nicht denkbar. Dies gilt insbesondere für die küstennahe Seenotrettung, die als Vorläufer der institutionalisierten Hochseerettung gewertet werden kann.

Durch das Mittelalter hinweg bis ins 18. Jahrhundert hinein gibt es im europäischen Kontext keinerlei Belege einer organisierten Form von Seenotrettung. Im Gegensatz dazu gab es in China wahrscheinlich schon ab dem 13. Jahrhundert eine Form organisierter Seenotrettung. Es wird gemutmaßt, dass das mangelnde Interesse an → Seenotrettung mit der armen Küstenbevölkerung und der mit Schiffbrüchigen einhergehenden Gelegenheit zur Plünderung zusammenhängt. So sollen die Seefahrenden an manchen Küsten vorsätzlich durch Leuchtfeuer irritiert worden sein, um diese auflaufen zu lassen.[31] Drei Faktoren führten im Verlauf der Jahrhunderte allerdings zu einer Institutionalisierung von Seenotrettung:

- ein erhöhtes wirtschaftliches Interesse an Seefahrt aufgrund der Erschließung von Kolonien,
- der Einsatz von Strandwächtern durch Fürsten und Landbesitzer, um selbst vom Strandgut zu profitieren,
- sowie die Verbreitung des Gedankens der Lebensrettung durch *Humane Societies* in England und den Niederlanden beginnend in den 1770er Jahren.[32]

Bis zu Beginn des 20. Jahrhunderts war die organisierte Seenotrettung aufgrund mangelnder technischer Ausrüstung auf die küstennahe Seenotrettung begrenzt. Die Alarmierung der Küstenwache konnte nur über akustische oder visuelle Signale (z. B. Glocken, Schüsse oder Leuchtraketen) erfolgen. 1776 entstand im britischen Liverpool eine erste Rettungsstation. Zehn Jahre später entstand auch in Boston die

---

31   Clayton Evans, Rescue at Sea, Conway Maritime Press 2003, S. 10 f.
32   Clayton Evans, Rescue at Sea, Conway Maritime Press 2003, S. 17 f.

Massachusetts Humane Society mit ersten Rettungshütten und -booten
entlang der Küste. Zwischenzeitlich ereignete sich vor der niederlän-
dischen Küste im Jahr 1824 ein Seeunglück, bei welchem mehrere
Menschen ihr Leben verloren. Am 14.10.1824 strandeten 17 Schiffe
entlang der niederländischen Küste. Während der Rettung von zehn
Passagieren der De Vreede ertranken drei Schiffbrüchige und sechs
Helfer:innen. Entsetzt von den großen Verlusten bei den freiwilligen
Helfer:innen beschlossen Einwohner:innen und Unternehmer:innen aus
Amsterdam und Rotterdam ein organisiertes Rettungssystem einzurich-
ten. Schon im November desselben Jahres gründeten sie zwei zivile
Rettungsgesellschaften für Amsterdam und Rotterdam, die seit 1991 unter dem Namen Koninklijke Nederlandse Redding Maatschappij (KNRM;
königliche niederländische Rettungsgesellschaft) firmieren.[33] Mit ihren
46 Rettungsstationen entlang der niederländischen Küste stehen aktuell
etwa 1.400 Freiwillige bereit, um auf die ca. 2.000 Notfallmeldungen im
Jahr zu reagieren.[34] Im Jahr 1915 wurde sodann die Massachusetts Humane Society zusammen mit dem US-Küstenzoll (United States Revenue
Cutter Service) in der US Coast Guard zusammengefasst. Und wiederum
im Jahr 1824 schlossen sich im Vereinigten Königreich örtliche Initia-
tiven zusammen (ausgehend vom Quaker William Hillary unter der
Royal National Institution for the Preservation of Life from Shipwreck),
die schließlich 1854 in der Royal National Lifeboat Institution (RNLI)
mündeten. Diese Entwicklung verdeutlicht die Institutionalisierung der
küstennahen Seenotrettung, von der aus sich die Hochseerettung ab
ca. 1900 entwickelte.

---

33   Koninklijke Nederlandse Redding Maatschappij (KNRM), Wanneer en waarom is de
     KNRM opgericht?, KNRM (03.02.201), https://www.knrm.nl/blog/historie/wanneer-en
     -waarom-is-de-knrm-opgericht (zuletzt abgerufen am 07.11.2022).
34   Koninklijke Nederlandse Redding Maatschappij, https://www.knrm.nl/organisatie (zu-
     letzt abgerufen am 02.11.2022).

Wie hat sich die internationale Hochseenotrettung historisch entwickelt?

Im Jahr 1904 wurde das Morsekürzel CQD als Notsignal eingeführt, welches 1908 durch SOS ersetzt wurde. Somit konnte man Notrufe, die sich sonst auf See außer Sichtweite abspielten, auch an Land empfangen (→ Wie sehen die Notruf-Morsecodes CQD und SOS aus und was steckt dahinter?). Dies erforderte auch den Bau neuer, seetauglicher Rettungsboote, der fortan vorangetrieben wurde. Im Jahr 1910 fand darüber hinaus in Brüssel auf Initiative des Comité Maritime International (CMI) die erste diplomatische Seerechtskonferenz statt. Erstmals wurden in zwischenstaatlichen Konventionen Regeln für die Seenotrettung kodifiziert. Ergebnisse der Konferenz waren die 1910 International Convention for the Unification of Certain Rules of Law relating to Assistance and Salvage at Sea (Salvage Convention) und die 1910 International Convention for the Unification of Certain Rules of Law related to Collision between Vessels (Collision Convention). Erstmalig wurden also völkerrechtliche Regeln für die Seenotrettung kodifiziert. In Art. 11 der 1910 Salvage Convention heißt es:

> „Every master is bound, so far as he can do so without serious danger to his vessel, her crew and her passengers, to render assistance to everybody, even though an enemy, found at sea in danger of being lost. The owner of a vessel incurs no liability by reason of contravention of the above provision."

Auffällig an Art. 11 der 1910 Salvage Convention ist, dass diese keine Unterscheidung zwischen Kriegs- und Friedenszeiten vorzunehmen scheint. Es wird explizit auf den „Feind" (Englisch: „enemy") Bezug genommen. Dieser muss, ebenso wie der „Freund", gerettet werden. Ganz allgemein verpflichtete Art. 11 Abs. 1 der 1910 Salvage Convention Kapitän:innen dazu, → Seenotrettung zu leisten. Allerdings ist der Anwendungsbereich des völkerrechtlichen Übereinkommens beschränkt, da er sich nicht auf Kriegsschiffe und ausschließlich staatlich genutzte Schiffe erstreckt, vgl. Art. 14 der 1910 Salvage Convention. In Art. 11 Abs. 2 werden Eigentümer:innen von Schiffen von jeglicher Haftung bei Zuwiderhandlung befreit. Eine solche Befreiung findet sich in den heutigen Übereinkommen nicht mehr. Die Verpflichtung zur Seenotrettung wurde in dem Übereinkommen, ähnlich dem heutigen Regelungssystem (→ Kapitel „Der seevölkerrechtliche Rechtsrahmen von Seenotrettung"), durch Maßnahmen des → Flaggenstaates durchgesetzt, Art. 12 1910 Salvage Convention. Eine weitere

Gemeinsamkeit zur Pflicht zur Seenotrettung in unserem heutigen System, spezifisch in Art. 98 Abs. 1 SRÜ, findet sich in der Tatsache, dass die Pflicht zur Seenotrettung die Kapitän:innen nur insoweit trifft, wie dem Schiff, der Crew oder den Passagier:innen keine ernsthafte Gefahr droht (→ Welche (völker-) rechtlichen Regeln verpflichten zu Seenotrettung? und → Welche Rechte und Pflichten haben Kapitän:innen?).

Während des Entwurfsprozesses der 1910 Salvage Convention gab es erhebliche Diskussionen und Uneinigkeit darüber, ob eine Belohnung für eine erfolgreiche Seenotrettung gezahlt werden solle. Einige Staaten brachten vor, es handele sich bei der Seenotrettung um eine moralische Verpflichtung. Andere verlautbarten, ein solches Belohnungssystem werde dazu führen, dass Ware vor Menschenleben gerettet werde. Tatsächlich handelte es sich bei der Seenotrettung noch im 19. Jahrhundert nicht um eine rechtliche Pflicht, sondern eine rein humanitäre oder moralische Pflicht. Wurde Seenotrettung dennoch betrieben, so wurde dafür bei Rettung von Eigentum und Waren eine Belohnung basierend auf dem Wert des Geretteten gezahlt. Es war also zum damaligen Zeitpunkt profitabler, das Leben einer Kuh oder eines Sklaven zu retten als das eines freien (nicht versklavten) Menschen.[35] Letztlich wurde in Art. 9 der 1910 Salvage Convention jedoch ein grundsätzliches Recht auf Vergütung festgeschrieben:

„Salvors of human life, who have taken part in the services rendered on the occasion of the accident giving rise to salvage or assistance, are entitled to a fair share of the remuneration awarded to the salvors of the vessel, her cargo, and accessories."

Neben der Frage nach einem Recht auf Vergütung stellte sich zum Zeitpunkt der Ratifizierung der 1910 Salvage Convention v. a. auch die Frage nach der Durchsetzbarkeit der Rechtspflicht zur Seenotrettung, da das Übereinkommen keine innerstaatliche Umsetzung der Pflicht zur Seenotrettung voraussetzte, was letztlich dazu führte, dass Menschen in Seenot – mangels rechtlicher Konsequenzen für Kapitän:innen – dringend benötigte Hilfe allzu häufig versagt wurde.[36] Nichtsdestotrotz ist die 1910 Salvage Convention als ein Meilenstein der internationalen Zusammenarbeit und Institutionalisierung der Seenotrettung zu betrachten. Eine weitere Entwicklung im

---

35　Wilbur Holmes Smith, The Duty to Render Assistance at Sea: Is It Effective or Adrift, CWILJ 2 (1971), S. 146 (S. 147).
36　Ibid, S. 150 f.

Verrechtlichungs- und Institutionalisierungsprozess der Seenotrettung ist infolge des Titanic-Unglücks zu beobachten (→ Welche Rolle spielte das Titanic-Unglück für die weitere Institutionalisierung der Seenotrettung?)

Welche Rolle spielte das Titanic-Unglück für die weitere Institutionalisierung der Seenotrettung?

Am 14. April 1912 kollidierte die RMS Titanic mit einem Eisberg rund 550 km südöstlich von Neufundland. Die Kollision erfolgte um 23:45 Uhr, das Schiff sank rund zweieinhalb Stunden später und riss rund 1.500 Menschen mit sich in den Tod. Als Reaktion auf dieses Unglück fand im Jahr 1913 in London sodann die International Conference on Safety of Life at Sea (SOLAS-Konferenz) statt, auf der die Teilnehmerstaaten die Einrichtung und Unterstützung einer „International Ice Patrol" zur Eisbergüberwachung im Rahmen eines völkerrechtlichen Vertrages (1914 SOLAS Convention) beschlossen. Über dieses spezielle Regime zur Eisbergüberwachung hinaus wurden in dem Übereinkommen aber auch internationale Normen zur Regelung der Schiffssicherheit eingeführt, so z. B. Feuerschutzmaßnahmen und Maßnahmen zur Lebensrettung. Auch die Pflicht zur Seenotrettung wurde in dem Übereinkommen aufgegriffen und weiter ausbuchstabiert. So mussten Schiffseigner:innen z. B. radiotelegrafisches Equipment an Bord zur Verfügung stellen (Kapitel V, Art. 31 1914 SOLAS Convention). Die 1914 SOLAS Convention ist jedoch, vermutlich aufgrund des Ausbruchs des Ersten Weltkriegs, nie in Kraft getreten. Erst 1929 trat eine überarbeitete Version in Kraft, die 1948 und 1960 abermals überarbeitet wurde. Derzeit ist die 1974 Version der SOLAS Convention in Kraft, die bis heute einige weitere Male geändert wurde. Die Pflicht zur Seenotrettung aus der Originalversion von 1914 wurde aber beibehalten.

Im Juli 1924 fand, erneut in London, die erste International Lifeboat Conference statt, bei welcher das 100-jährige Bestehen der Royal National Lifeboat Institution (RNLI, britische Seenotrettungsgesellschaft) gefeiert wurde.[37] Eingeladen waren auch Dänemark, Frankreich, Japan, die Niederlande, Norwegen, Spanien, Schweden und die USA. Count Kozo Yoshi, Direktor der japanischen League of Nations Union und Ehren-Vizepräsident der britischen League of Nations Union, schlug bei diesem Anlass vor, dass eine neue „international lifeboat" Organisation gegründet werden solle, die institutionell bei den League of Nations (dem Vorläufer der UN von 1920 bis 1946) angegliedert sein sollte. Diese Organisation sollte die Kooperation zwischen existierenden Seenotrettungsstellen fördern und bei der Errichtung neuer Seenotrettungsleitstellen, insbesondere dort, wo solche noch nicht existierten, unterstützend tätig sein. Hierzu sollte ein internationaler Verein, ähnlich dem Roten Kreuz, bestehend aus allen Seenotrettungsorganisationen, gegründet werden. Dieses ambitionierte Vorhaben realisierte sich nicht im Handumdrehen. Nichtsdestotrotz wurde der Vorschlag international wahrgenommen und Küstenstaaten wurden hierdurch angehalten, ihre jeweiligen Institutionen zu mehr Kooperation und Austausch anzuregen. Beschlossen wurde bei der Konferenz die Gründung der International Lifeboat Federation (ILF), die seit 1985 den Status einer beratenden NGO bei der International Maritime Organization (IMO) genießt. Die Föderation ist heute unter dem Namen International Maritime Rescue Federation (IMRF) bekannt. 1928 fand die zweite International Lifeboat Conference statt und es wurde von nun an ein Vier-Jahres-Rhythmus für die Abhaltung der Konferenzen vereinbart. Sie fand seitdem, abgesehen von den Kriegsjahren des Zweiten Weltkriegs 1940 und 1944, in diesem Turnus statt.

Videotipp | In dem britischen Spielfilm „S.O.S." lässt sich anschaulich der Alltag der Seenotretter und ihre Ausrüstung im Großbritannien der 1940er Jahre nachvollziehen: von Zeit zu Zeit werden die Boote von einem Inspektor der Royal National Lifeboat Institution überprüft (▶ https://film.britishcouncil.org/resources/film-archive/sos).

---

37 Sutori, History of the International Maritime Rescue Federation (IMRF), https://www.sutori.com/en/item/1924-the-first-international-lifeboat-conference-in-july-1924-the-royal (zuletzt abgerufen am 03.01.2023).

Wie hat sich die Seenotrettung in Deutschland historisch entwickelt?

Auch die deutsche Küste blieb von Schiffsunglücken nicht verschont. Im November 1854 strandete das Auswandererschiff Johanne auf dem Weg nach Baltimoore mit 216 Passagieren vor Spiekeroog. Obwohl die Johanne in Sichtweite vor dem Strand zerschellte, eilte keiner zur Hilfe. Böen hatten den Segler im stürmischen Wetter vom Kurs abgebracht und drei Stunden vor Hochwasser auf Grund laufen lassen. Während des sechsstündigen Sturms konnten die Passagier:innen weder das Schiff verlassen noch konnten Insulaner:innen ihnen auf dem Schiff helfen. Da keine angemessenen Rettungsboote oder Ausrüstung vorhanden waren, starben 77 Menschen, indem sie vom Sturm von Bord gerissen oder durch herabfallende Schiffsteile erschlagen wurden. Von ursprünglich über 200 waren nach drei Tagen 84 Passagier:innen umgekommen. Nachdem der Sturm abgeflaut war und die Schiffbrüchigen geborgen werden konnten, versorgten die Insulaner:innen die Überlebenden.[38]

Im September 1860, sechs Jahre nach dem Johanne-Unglück, strandete die Brigg Alliance vor Borkum. Das Schiff war auf das Borkumer Riff aufgelaufen, wo es von einem zweitägigen Sturm zerrieben wurde. Obwohl zu dieser Zeit Rettungsboote bereits existierten, gab es keines auf der Insel. Nach einem Bericht der Bremer Weser-Zeitung hatten die Insulaner:innen das Schiff in Not schon früh entdeckt. Jedoch herrschte, so wurde es den Insulaner:innen vorgeworfen, eher ein Interesse daran, das angeschwemmte Strandgut zu bergen als der Mannschaft der Alliance zu Hilfe zu kommen. Ob das der Wahrheit entspricht, kann nicht sicher festgestellt werden. Vor dieser Zeit war es jedenfalls üblich, das Schicksal von Schiffsbrüchigen als vorbestimmt und damit unumgänglich anzusehen. Auch hatte sich Treibgut im Laufe der Zeit als wichtiger wirtschaftlicher Faktor für Inselbewohner:innen herausgebildet. Fakt ist aber, dass, wäre ein Rettungsboot und -ausrüstung vorhanden gewesen, die neunköpfige Mannschaft der Alliance hätte gerettet werden können. Dieser Umstand schockierte besonders den Vegesacker Navigationslehrer Adolph Bermpohl, der daraufhin gemeinsam mit dem Anwalt Dr. Carl Kuhlmay Aufrufe in norddeutschen Zeitungen platzierte.

---

38   Ostfriesland Reloaded, Katastrophe vor Spiekeroog: Keine Rettung für die „Johanne" (15.05.2018), https://ostfrieslandreloaded.com/2018/05/15/katastrophe-vor-spiekeroog -keine-rettung-fuer-die-johanne/ (zuletzt abgerufen am 03.01.2023).

Schon ein Jahr nach der Strandung gründete der Oberzollinspektor Gregor Breusing den ersten regionalen Rettungsverein in Emden. 1865 wurden die mittlerweile entstandenen regionalen Rettungsvereine zur Deutschen Gesellschaft zur Rettung Schiffbrüchiger zusammengefasst.[39]

Die Gangnerie, ein französischer Frachtsegler, strandete am 7. September 1864 wiederum vor Spiekeroog. Im Gegensatz zu dem zehn Jahre zuvor spielenden Johanne-Unglück existierte nun ein Rettungsboot, welches zum Strand gezogen wurde. Unter der Anleitung des Vormanns Janssen und Bootsmanns Sanders versuchten sechs Helfer im starken Wind, in die Nähe der Gagnerie zu rudern. Nach etwa zwei Stunden entdeckten sie fünf Schiffbrüchige des französischen Frachtseglers auf einem Floß. Die Schiffbrüchigen konnten gerettet und sicher an Land gebracht werden.[40]

Infolge dieser tragischen Vorkommnisse wurde die deutsche Seenotrettung – noch vor Wiedervereinigung des deutschen Kaiserreichs – mit der Gründung der Deutschen Gesellschaft zur Rettung Schiffbrüchiger (DGzRS) am 29. Mai 1865 in Kiel ins Leben gerufen. Die zuvor privat organisierten und lokal bzw. regional operierenden Seenotretter:innen wurden durch die Gründung unter einer einzigen Gesellschaft zusammengefasst. Die Zentrale wurde in Bremen installiert. Es handelt sich bei der DGzRS um einen rechtsfähigen privatrechtlichen Verein, der bis heute existiert. Die DGzRS ist heute kraft staatlicher Beleihung mit dem Such- und Rettungsdienst in deutschen Küstengewässern und innerhalb der deutschen Such- und Rettungszone beauftragt. Interessanterweise wird die DGzRS nicht aus Steuergeldern, sondern zu 100 % durch Spenden und freiwillige Beiträge finanziert.

In den Gründungsjahren mussten zur effektiven Seenotrettung in Deutschland zunächst die richtigen Schiffe gefunden werden. Fischerboote konnten sich nicht bewähren, ebenso wenig die britischen Rettungsboote, da diese für die flachen deutschen Küsten zu tief im Wasser lagen und zu schwer zum Transport über den tiefen Dünensand waren. Daher konstruierte man eigene, aus „kanneliertem Stahlblech" bestehende Boote. An Bord waren darüber hinaus die 1854 erfundenen Korkwesten (das damalige Modell der Rettungsweste) sowie ein Raketenapparat, um auf gestrandete Schiffe schießen zu können. Mithilfe einer Hosenboje konnten die Havarierten

---

39   Tim Schwabedissen, Gestrandet: Schiffsunglücke vor der Nordseeküste. Hamburg: Koehler 2004.

40   Ibid.

sodann in Küstennähe geborgen werden. Erst 1926 durch die Ausstattung mit Dieselmotoren wurden die Boote der DGzRS seefest und konnten Hochseerettung betreiben.

Während des Nationalsozialismus wurde die Tätigkeit der DGzRS nicht eingestellt, denn die Nazis sympathisierten mit dem Gedanken der → Seenotrettung aufgrund des freiwilligen und spendengetragenen Charakters. Im Zweiten Weltkrieg war die DGzRS-Rettungsflotte mit dem Roten Kreuz gekennzeichnet und im Rahmen der Genfer Konventionen (→ Wie wird Seenot im humanitären Völkerrecht behandelt?) im Einsatz. Die Seenotrettungseinsätze unterlagen auch damals schon einem Diskriminierungsverbot: Aus welchem Grund man in → Seenot geraten war oder welchem Staat man angehörte, war und ist im Rahmen der Aufgabe der Seenotrettung irrelevant und hat sogar außer Acht gelassen zu werden (→ Gilt die Pflicht zur Rettung auch gegen über Personen, die sich möglicherweise selbstverschuldet in Seenot gebracht haben?). In der Nachkriegszeit ab 1945 galt es sodann, den Wiederaufbau der DGzRS zu betreiben. Einige Küstenwachen fielen dem Krieg zum Opfer. Von ehemals 91 Rettungsstationen im Jahr 1875 waren 70 Stationen, mitsamt ihrer Ausstattung, zerstört. Darunter auch die Leitstelle in Bremen, weshalb eine provisorische Leitstelle in Cuxhaven eingerichtet werden musste. Erst 1952 konnte die Zentrale in Bremen wieder in Betrieb genommen werden. Bis heute ist dort die offizielle deutsche Seenotrettungsleitstelle, das → MRCC Bremen, ansässig.

Der Aufgabenbereich der DGzRS sowie das rechtliche Verhältnis zwischen dem privatrechtlich organisierten Verein und der Bundesrepublik ergibt sich per Gesetz und aus einer Reihe von Verwaltungsvereinbarungen. Im Jahr 1965 wurde im Rahmen des Seeaufgabengesetzes (Gesetz über die Aufgaben des Bundes auf dem Gebiet der Seeschifffahrt und entsprechende Durchführungsvereinbarung) die Rolle der DGzRS als alleiniger Seenotrettungsdienst Deutschlands festgeschrieben. 1982 kam es zu einer Vereinbarung über die Durchführung des Such- und Rettungsdienstes in Seenotfällen, die 1990 im Zuge der Wiedervereinigung erweitert wurde. 1996 kam es zu einer Vereinbarung zur Veranlassung sofortiger ärztlicher Hilfe und Evakuierung auf See für Schwerkranke und Schwerverletzte an Bord von Schiffen in der deutschen Such- und Rettungszone (SAR-Bereich, → Was ist eine Search and Rescue Region?) sowie zu einer zweiten Vereinbarung zur Überwachung des UKW-DSC-Seenotkanals 70 und des UKW-Seenotkanals 16 sowie zur Abwicklung des Seenot-, Dringlichkeits- und Sicherheitsfunkverkehrs auf UKW. Im Jahr 2001 kam es sodann zu einer

Verwaltungsvereinbarung zwischen dem Bundesministerium der Verteidigung und dem Bundesministerium für Verkehr über die Zusammenarbeit auf dem Gebiet des Such- und Rettungsdienstes für Luftfahrzeuge und des maritimen Such- und Rettungsdienstes. Diese stellt einen Ersatz für die Verwaltungsvereinbarungen von 1969 und 1979 dar. Zuletzt gab es 2003 eine Vereinbarung zwischen der DGzRS und dem Havariekommando.

Link- und Literaturtipp | Die Geschichte der DGzRS lässt sich im Detail auf der Homepage der Gesellschaft für Schleswig-Holsteinische Geschichte nachlesen, abzurufen unter: https://geschichte-s-h.de/sh-von-a-bis-z/d/deutsche-gesellschaft-zur-rettung-schiffbruechiger-dgzrs/.
Im analogen Format lässt sich die Geschichte der deutschen Seenotrettung in folgenden (Jahr-)Büchern nachverfolgen: Hans Berber-Credner, Vom Ruderboot zum Rettungskreuzer. Die Geschichte der Deutschen Gesellschaft zur Rettung Schiffbrüchiger, Bremen: DGzRS 1990; DGzRS Jahrbuch 2015 sowie Harry Kunz/Thomas Steensen, Das neue Sylt Lexikon, 2., erweiterte Auflage, Neumünster: Wachholtz Verlag 2007.

Welches Tätigkeitsfeld hat die DGzRS?

Das Tätigkeitsfeld der DGzRS lässt sich ihrer Website wie folgt entnehmen:

- „die Rettung von Menschenleben aus Seenot,
- die Koordinierung aller Maßnahmen im Seenotfall und bei Hilfeleistungen innerhalb des deutschen SAR-Bereiches, sowie
- die Überwachung der UKW-Kanäle 16 und 70 für Not- und Sicherheitszwecke sowie die Durchführung des Not-, Dringlichkeits- und Sicherheitsfunkverkehrs auf UKW im deutschen SAR-Bereich".

Im Rahmen der Durchführung dieser Aufgaben ergeben sich weitere Tätigkeiten, die damit in unmittelbarem Zusammenhang stehen (Auszug):

- „medizinische Erstversorgung Geretteter,
- Sicherung gefährdeter Schiffe und deren Besatzungen,

- Hilfe bei der Befreiung der Besatzungen von See- und Luftfahrzeugen aus unmittelbarer Gefahr,
- Transport Kranker und Verletzter einschließlich Gewährung erweiterter Erster Hilfe und Erstversorgung von Unfallpatienten,
- jegliche Tätigkeiten, die drohende Not- und Unglücksfälle zu verhüten helfen,
- Unterstützung deutscher Schiffe oder deutscher Besatzungen bei Notfällen im Ausland,
- Unterstützung der Feuerwehren bei der Brandbekämpfung im Rahmen der Möglichkeiten, sowie
- Unterstützung des Havariekommandos bei komplexen Schadenslagen".

Die DGzRS erstreckt sich auf 55 Stationen zwischen Borkum und Uckermünde und unterhält rund 60 Seenotrettungskreuzer und -boote verschiedener Größen. Die verschiedenen Stationen mit ihren Rettungseinheiten arbeiten ggf. zusammen. Auch nicht zur Flotte der DGzRS gehörende Fahrzeuge können bei Bedarf durch das → MRCC Bremen angewiesen werden, die Seenotrettung durchzuführen. Bis zum Jahr 2021 hat die DGzRS rund 86.000 Menschen bei Seenotfällen Hilfe geleistet. Dies entspricht in etwa der Einwohnerzahl Gießens (Hessen).

Linktipps | In dem DGzRS-Beitrag „Seenotfälle: Stets im Einsatz auf der Nord- und Ostsee" berichtet die DGzRS fortlaufend über ihre Einsätze in der Nord- und Ostsee, der deutschen SRR: https://www.seenotretter.d e/aktuelles/seenotfaelle. Außerdem kann man unter „Crews und Stationen" virtuell durch die Rettungsstationen und Boote der DGzRS touren: https://www.seenotretter.de/crews-stationen#consent_accepted_conte nt_13491.

Wie kam es zur Rettungsaktion der Cap Anamur vor Vietnam?

In den 1980er Jahren kam es zu einem weiteren wichtigen Ereignis im Bereich der Seenotrettung, das sich heute im Mittelmeer zu wiederholen scheint. Nach dem Ende des Vietnamkriegs flohen etwa 1,5 Millionen Menschen auf meist seeuntauglichen, überladenen Booten und von Piraten, Wasser- und Nahrungsmittelknappheit bedroht vor willkürlichen Verhaftungen, Umerziehungslagern und Folter durch das Ho-Chi-Minh-Regime in Vietnam. Aufgrund der daraus resultierenden humanitären Krise schloss sich eine kleine Gruppe der deutschen und französischen Zivilgesellschaft u. a. auf Initiative von Christel und Rupert Neudeck 1979 zusammen und gründete das Hilfskomitee „Ein Schiff für Vietnam". Mit drei Frachtern unter dem Namen „Cap Anamur" unter deutscher Beflaggung begannen sie daraufhin → Flüchtlinge auf dem Südchinesischen Meer zu retten. Bis 1987 rettete die Organisation über 10.000 Menschen das Leben und ermöglichte weiteren 35.000 Menschen eine medizinische Versorgung auf der Flucht. Auf Drängen der deutschen Öffentlichkeit und den USA wurden ab Ende 1978 etwa 40.000 der geretteten Menschen als sog. Kontingentflüchtlinge aufgrund der Krisensituation in ihrem Herkunftsland von Westdeutschland ohne Asylantrag aufgenommen (→ Wer gilt als Bootsflüchtling und handelt es sich dabei um einen Rechtsbegriff?). Diese zivilgesellschaftliche Initiative zur Seenotrettung vietnamesischer Bootsflüchtlinge dient als historisches Vorbild für das gegenwärtige zivile Engagement von NGOs im Mittemeer. Außerdem kann die Kooperation zwischen privaten Akteur:innen und Aufnahmestaaten sowie die internationalen Bemühungen, eine schnelle Lösung für die Bootsflüchtlinge zu finden (z. B. in Form von Resettlement-Programmen), heute als historisches Beispiel dafür dienen, dass mittels wohlwollender internationaler Zusammenarbeit unbürokratische Lösungen gefunden werden können, um rechtlichen und politischen Herausforderungen im Kontext maritimer Migration zu begegnen (→ Welche historischen Beispiele maritimer Migration gibt es?, → Wer gilt als Bootsflüchtling?).

Wie läuft Seenotrettung in der Praxis ab?

Jeder Seenotrettungsfall ist anders, deshalb lässt sich grundsätzlich nicht sagen, wie die Seenotrettung *en detail* abläuft. Dennoch kann man grob verschiedene Kategorien der Seenotrettung unterteilen. Zum einen gibt es die „individuelle Seenotrettung", die „Mass Rescue Operations" und den Sonderfall der „Seenotrettung durch NGOs im Mittelmeer".

Die individuelle (oder klassische) Seenotrettung ist dadurch gekennzeichnet, dass sich sehr individuelle Szenarien abspielen, die immer wieder die

Flexibilität der Seenotretter:innen erfordern. Die spezifische Ausführung des Seenotrettungseinsatzes ist abhängig von dem genauen Terrain, der Schiffsart (z. B. Motorboot, Motorsportboot, Segler, Kreuzfahrtschiff), den Personen in Seenot (Passagier:innen, Besatzung, Kyter:innen, Surfer:innen etc.) und wie sich die Wetterbedingungen gestalten. Die IMRF hat daher ein Basic Rescue Boat Operator Manual ausgearbeitet, welchem sich grundlegende Herangehensweisen für Seenotrettungsfälle entnehmen lassen. Tätig werden SAR-Einheiten in aller Regel auf der Grundlage von eingegangenen Notsignalen (*distress calls*, s. u.), entweder selbst oder das jeweils mit dem *distress call* betraute → MRCC beauftragt aufgrund geografischer Nähe ein (oftmals) privates Schiff mit der Rettung. Ebenso können sich Fälle ereignen, in denen das MRCC sich mit einem oder mehreren anderen MRCCs koordinieren muss. Letztlich wird jedoch – so zumindest in der Idealausführung – ein *on-scene coordinator* mit der tatsächlichen Rettung beauftragt, der ggf. ebenso vor Ort befindendliche Schiffe und den gesamten Rettungseinsatz koordiniert.

Unter Mass Rescue Operations (MRO) hingegen versteht die IMRF solche Szenarien, in denen sich eine große Zahl an Menschen in Seenot befindet. Die Ressourcen, die einer SAR-Einheit unter gewöhnlichen Umständen zur Verfügung stehen, würden in einer MRO nicht ausreichen. Auch jenseits maritimer Migrationsszenarien kommt es zu MROs. MRO-Tragödien gehören seit dem Untergang der Titanic keinesfalls der Vergangenheit an: Am 16. April 2014 ging die südkoreanische Fähre Sewol unter. Sie befand sich zum Zeitpunkt des Unglücks auf dem Weg vom südkoreanischen Festland (Incheon) zur südlichen Ferieninsel Jejudo. Ihr Untergang ereignete sich in der Nähe der Insel Jindo, wo sie zunächst kenterte und dann auf Grund ihrer Schräglage von 60 Grad sank. Die genauen Umstände des Ereignisses sind bis heute nicht geklärt. Es wird aber davon ausgegangen, dass das Lenkungssystem der Fähre bereits seit einiger Zeit nicht mehr intakt und die Fähre überdies überladen war. Einem Kurswechsel folgend neigte sich die Fähre daher vermutlich zu stark und ein Verrutschen der Ladung könnte zusätzlich die Schräglage verursacht haben. Die Sewol setzte, sobald sie ihre Notlage bemerkte, einen Notruf bei der zuständigen Behörde ab. An Bord befanden sich 443 Passagier:innen und 33 Besatzungsmitglieder, von denen nur 172 Personen gerettet werden konnten, darunter der Kapitän und 19 weitere Besatzungsmitglieder. Laut Berichten sprangen Passagier:innen teilweise, sich einer Anordnung des Kapitäns widersetzend, mit Rettungswesten in das 12 Grad kalte Wasser. Bei diesen Temperaturen beträgt die Überlebenszeit nur wenige Stunden. Diese Reaktion stellte sich schließlich als lebensrettend heraus, da die Personen von herannahenden Booten, der Küstenwache und Hubschraubern aus dem Wasser gezogen werden konnten. Insgesamt waren an den Rettungs- und Sicherungsmaßnahmen 169 Boote und Schiffe beteiligt. Um aus diesen Tragödien zu lernen und SAR-Einheiten entsprechend zu schulen, hat die IMRF spezielle Richtlinien auf der Grundlage internationaler Konferenzen und Workshops herausgegeben sowie das IAMSAR Manual (→ Welche (völker-)rechtlichen Regeln verpflichen zur Seenotrettung?) einer erneuten Begutachtung unterzogen.

Linktipp | Das Basic Rescue Boat Operator Manual der IMRF ist unter https://www.international-maritime-rescue.org/Handlers/Download.a shx?IDMF=21225933-c280-4e34-a851-606592915c7f abrufbar.

Wie verläuft eine Seenotrettungsoperation durch NGOs?

Auch bei Seenotrettungsmissionen durch NGOs im Mittelmeer handelt es sich um MROs. Im Gegensatz zu spontanen MROs werden die Rettungsoperationen durch NGOs von Anfang an systematisch vorbereitet. Die Umstände, auf die Seenotretter:innen im Mittelmeer stoßen, sind im Vergleich zur spontanen Seenotrettung weit vorhersagbarer und weniger individuell. Meistens treffen die Seenotretter:innen auf eine Vielzahl (bis zu einigen hunderten) von Menschen, die sich in seeuntauglichen Schlauchbooten oder Holzbooten befinden. Nicht allzu selten sind diese bereits im Prozess des Sinkens. Diese bekannten Szenarien machen die Seenotrettungsmissionen von SAR-NGOs besser planbar. Seenotrettungseinsätze durch NGOs lassen sich in verschiedene (stark vereinfachte) Phasen unterteilen:

1. Wartung, Ausrüstung, Training
In dieser Phase wird das Schiff gewartet und mit dem nötigen Equipment ausgestattet. Die Zusammenstellung der Crew basiert häufig auf dem Einsatz von Freiwilligen, welche idealerweise bereits Vorerfahrung besitzen. Durch ihre ehrenamtliche Ausrichtung können diese Menschen

meist nur einen begrenzten Teil ihrer Zeit zur Verfügung stellen und es kommt in der Regel zu zeitlich befristeten Einsätzen. Die ehrenamtliche und hauptamtliche Crew an Bord muss in dieser Phase ein gewisses Training durchlaufen, um mit den Vorgängen an Bord und im Seenot-rettungsfall vertraut zu sein.

2. Suche und Rettung

In dieser Phase wird innerhalb des Suchgebiets patrouilliert, z. B., indem ein Suchmuster gefahren wird. Der Such- und Rettungseinsatz stellt den der breiten Öffentlichkeit bekannten Hauptteil des Einsatzes dar. Wird das NGO-Schiff auf ein in Seenot befindliches Boot aufmerksam (dies kann z. B. durch Sichtung oder durch einen *distress call* sowie durch Beauftragung durch ein → MRCC geschehen), so leitet es die Seenotrettung ein.

3. Verbringung an einen sicheren Ort

In dieser Post-rescue-Phase müssen die Geretteten an einen → siche-ren Ort gebracht werden (→ Was ist ein „sicherer Ort"?) sowie das Schiff wieder seetüchtig gemacht werden. In der Vergangenheit wurden NGO-Schiffe in dieser Phase häufig mit rechtlichen Hürden durch den → Hafenstaat konfrontiert (→ Kapitel „Staatliche und europäische Reaktionen auf maritime Migration und zivile Seenotrettung").

Wie sehen die Notruf-Morsecodes CQD und SOS aus und was steckt dahinter?

Um die tatsächliche Bedeutung von CQD (_ . _ . _ _ . _. _ .) und SOS (. . . _ _ _ . . .) als Morsecodes ranken sich viele Mythen. So wird vielfach angenommen, CQD bedeute „Come Quick, Danger" und SOS bedeute „Save Our Ship / Save Our Souls / Send Out Succour". CQ steht unterdessen tatsächlich für „general call" und kommt vom fran-zösischen Wort „sécu". Das folgende D bedeutet „distress", also Seenot. Gemeinsam gelesen bedeutet das Signal also „All Stations: Distress". Die Titanic nutzte bspw. zunächst CQD als Notsignal. Später morste sie auch SOS. Der Morsecode SOS hat aber im Gegensatz zu CQD keine eigenständige Bedeutung. Er kam als Morsecode deshalb gelegen, da er nach allgemeiner Annahme nicht fehlinterpretiert werden könne. Zusätzlich kann das Signal wegen seiner Einzigartigkeit leichter aus dem allgemeinen Funkverkehr herausgefiltert werden. Die Buchstaben SOS werden auch nicht getrennt gelesen.

Es ergibt sich nur zufällig, dass drei Punkte im Morsecode für S stehen, während drei Striche für O stehen. Die Leerzeichen zwischen den Punkten und Strichen fehlen aber, weshalb es sich eigentlich nicht um drei Buchstaben, sondern um ein einziges und in der Gesamtheit gelesenes Morse-Sonderzeichen handelt.[41] Obwohl sich schon einige Staaten 1906 auf die einheitliche Nutzung des SOS-Signals zumindest zwischen Schiffen und der Küste im Rahmen der Radiotelegraph Convention geeinigt hatten, dauerte es noch einige Zeit, bis sich das SOS-Signal durchgesetzt hatte.[42] Der erste gemorste Notruf eines Schiffes in Seenot wurde am 23. Januar 1909 von dem Luxusliner Republic bei dem Zusammenstoß mit dem Passagierdampfer Florida abgesetzt. Der Funker Jack Binns hatte den Notruf mit „CQD" gemorst und machte so eine Rettung nahezu aller Menschen an Bord der Republic möglich.[43]

Heutzutage werden kaum noch Notsignale gemorst, sondern über Radiofrequenzen nach Hilfe gefunkt (über UKW-Kanal 16), über das Telefon oder spezielle technische Einrichtungen genutzt, wie z. B. designierte Notknöpfe (sog. DSC-Taste).

Linktipp | Auf Wikipedia sind Audio-Dateien der Morsecodes hinterlegt, z. B. der von CQD: https://en.wikipedia.org/wiki/CQD.

41 International Maritime Organization (IMO), Shipping Emergencies – Search and Rescue and the GMDSS, IMO (1999), S. 8 f., https://wwwcdn.imo.org/localresources/en/OurW ork/Safety/Documents/GMDSSandSAR1999.pdf (zuletzt abgerufen am 03.01.2023).

42 Convention radiotélégraphique internationale, ratifiziert am 03.11.1906, https://search.i tu.int/history/HistoryDigitalCollectionDocLibrary/4.36.43.fr.200.pdf (zuletzt abgerufen am 03.01.2023), Anhang Regelung 6; Michael Friedewald, Telefunken vs. Marconi, or the Race for Wireless Telegraphy at Sea, 1896–1914, SSRN Electronic Journal (2012), S. 8.

43 How Binns flashed his calls for help, New York Times (26.01.1909).

Was ist der Unterschied zwischen einem *distress call*, *Mayday* und *Pan Pan*?

In der nautischen Kommunikation gibt es verschiedene Abstufungen bezüglich auftretender Zwischenfälle. Dabei hat der *distress call* die höchste Dringlichkeitsstufe. Danach folgen *urgency, safety* und *minor incident.*

Distress bedeutet in der nautischen Sprache, sich in → Seenot zu befinden (→ Was ist Seenot?). Dies kann durch den *distress call* übermittelt werden, der verschiedene Formen annehmenn kann (siehe nachfolgende Annex IV Convention on the Regulations for Preventing Collisions at Sea). Am üblichsten ist es heute, das Morsesignal SOS (. . . --- . . .) zu übermitteln. Unter anderem kann ein *distress call* aber auch per Sprechfunk gesendet werden und *Mayday* kann hierbei als Präfix gesprochen werden. Bei *Mayday* (vom Französischen *m'aider,* zu Deutsch: *mir helfen)* handelt es sich also nicht um ein eigenes nautisches Signal, sondern nur um eine Form der Übermittlung der Nachricht, dass man sich in Seenot befindet. Es wird damit um sofortige Hilfe gebeten, was Vorrang gegenüber allen anderen Mitteilungen hat.[44]

Pan Pan hingegen wird als Präfix vor einem *urgency call* (Dringlichkeitssignal) genutzt. Es wird verwendet, wenn die Sicherheit eines mobilen Fahrzeugs gefährdet ist oder eine unsichere Situation besteht, in der möglicherweise Hilfe benötigt wird. Meist liegt also eine konkrete, aber nicht akute Gefährdung vor. Diese Mitteilung hat – bis auf den *distress call* – Vorrang vor allen anderen Mitteilungen. Der entsprechende Morsecode lautet hier: --- . . --- --- . . --- --- . . ---. Das Wort *Pan* geht wiederum auf das französische Wort *la panne* (*die Panne)* zurück.

---

44   IMO, Amendments to the International Aeronautical and Maritime Search and Rescue (IAMSAR) Manual, MSC.1/Circ. 1594 (25.05.2018), https://wwwcdn.imo.org/localre sources/en/OurWork/Safety/Documents/Documents%20relevant%20to%20SAR/MSC.1 -CIRC.1594%20Amendments%20to%20IAMSAR%20Manual.pdf (zuletzt abgerufen am 01.02.2023), Anhang S. 175.

Annex IV Convention on the International Regulations for Preventing Collisions at Sea, 1972

Distress signals

1. The following signals, used or exhibited either together or separately, indicate distress and need of assistance:
   a. a gun or other explosive signals fired at intervals of about a minute;
   b. a continuous sounding with any fog-signalling apparatus;
   c. rockets or shells, throwing red stars fired one at a time at short intervals;
   d. a signal made by any signalling method consisting of the group ... --- ... (SOS) in the Morse Code;
   e. a signal sent by radiotelephony consisting of the spoken word "MAYDAY";
   f. the International Code Signal of distress indicated by N.C.;
   g. a signal consisting of a square flag having above or below it a ball or anything resembling a ball;
   h. flames on the vessel (as from a burning tar barrel, oil barrel, etc.);
   i. a rocket parachute flare or a hand-flare showing a red light;
   j. a smoke signal giving off orange-coloured smoke;
   k. slowly and repeatedly raising and lowering arms outstretched to each side;
   l. a distress alert by means of digital selective calling (DSC) transmitted on:
2. VHF channel 70, or
3. MF/HF on the frequencies 2187.5 kHz, 8414.5 kHz, 4207.5 kHz, 6312 kHz, 12577 kHz or 16804.5 kHz;
   m. a ship-to-shore distress alert transmitted by the ship's Inmarsat or other mobile satellite service provider ship earth station;
   n. signals transmitted by emergency position-indicating radio beacons;
   o. approved signals transmitted by radiocommunications systems, including survival craft radar transponders.

Beispiel | Notfallmeldungen[45]

Distress

Call: MAYDAY, MAYDAY, MAYDAY (prefix 3x)
          this is Seaship, Seaship, Seaship (sender 3x)

Message: Mayday, Seaship,
          my position is 180 degrees one mile from number 10 (position)
          I am sinking, I require immediate assistance, over.

Urgency

Call: PAN, PAN, PAN, PAN, PAN (prefix 3x)
          Hello all stations, Hello all stations
          this is Seaship, Seaship, Seaship (sender 3x)

Message: my position is 180 degrees one mile from buoy number 10 (position)
          I have been in collision and need the assistance of a tug.

          (Messages preceded by the urgency signal are normally addressed to
          „all stations" but may be addressed to a particular station. Whichever
          chosen would be included in the call after PAN PAN.)

Safety

Call: Sécurité, Sécurité, Sécurité (prefix 3x)
          Hello all stations, Hello all stations
          this is Seaship, Seaship, Seaship (sender 3x)

Message: my position is 180 degrees one mile from buoy number 10 (position)
          my engines are broken down and I am anchoring in the northbound
          traffic lane. Request ships keep clear, over.

          (Messages preceded by the safety signal are normally addressed to „all
          stations" but may be addressed to a particular station. Whichever cho-
          sen would be included in the call after Sécurité. The announcement
          should be made on Channel 16 but the message shall be transmitted,
          where practicable, on a working frequency.)

Minor incident   Other minor incidents may occur within harbour limits when it is
                        desirable to notify the harbour office as follows:
                        Port City (addressee)
                        this is Seaship (sender)
                        my position is 180 degrees one mile from buoy number 10 (position)
                        I have lost my anchor and buoyed it in position two miles East of
                        Head Point, over.

---

45   übernommen aus der Resolution A.474(XII) vom 19.11.1981 vom IMCO, https://www
      cdn.imo.org/localresources/en/KnowledgeCentre/IndexofIMOResolutions/AssemblyD
      ocuments/A.474(12).pdf, S. 12, letzter Abruf: 16.5.2023

rote Fallschirm-Leuchtrakete

Raketen oder Leuchtkugeln
mit roten Sternen

rote Handfackel

orangefarbenes Rauchsignal

seitlich ausgestreckte Arme
langsam heben und senken

Knallsignale in etwa
einer Minute Abstand

Dauerton mit Signalhorn

beliebige Flagge über oder
unter Ball setzen

Flagge N über Flagge C setzen

Morsesignal „SOS" durch jede
mögliche Signalart geben

Abb. 1 | Neben der Notmeldung via Sprechfunk/DSC gibt es weitere Seenotsignale (eigene Darstellung nach Deutsche Gesellschaft zur Rettung Schiffbrüchiger (DGzRS), Übersicht Seenotsignale, https://www.seenotretter.de/sicherheitsausruestung-auf-see#c 17937, letzter Abruf: 16.5.2023)

Wer rettet aus Seenot?

In der Seenotrettung sind verschiedenste Akteur:innen tätig. Die relevantesten unter ihnen sollen hier kurz vorgestellt werden.

Grundsätzlich wird die Seenotrettungsinfrastruktur, wie sie von Art. 98
Abs. 2 SRÜ sowie der SAR-Convention rechtlich eingefordert wird
(→Kapitel „Der seevölkerrechtliche Rechtsrahmen von Seenotrettung"),
staatlich organisiert und durchgeführt durch die Einrichtung von Seenotrettungsleitstellen, der Bereitstellung einer Küstenwache, dem Zoll
oder dem Militär mit spezialisierten Booten und Hubschraubern oder
Flugzeugen. In Deutschland wurde die Aufgabe der Suche und Rettung
auf See an die privatrechtlich organisierte und spendenfinanzierte Ver-
einigung Deutsche Gesellschaft zu Rettung Schiffbrüchiger (DGzRS)
übertragen. Die DGzRS ist seit dem 29. Mai 1865 in der Seenotrettung
tätig. Sie kooperiert mit der Wasserschutzpolizei, der Bundespolizei und
dem Zoll, der Wasser- und Schifffahrtsverwaltung sowie der Marine, die
bei Seenotfällen unterstützend tätig werden. Außerdem ist die DGzRS
Mitglied der International Maritime Rescue Federation (IMRF). Das
deutsche → MRCC, welches hauptverantwortlich und koordinativ diese
Aufgaben übernimmt, befindet sich in Bremen und erstreckt seine Kom-
petenzen auf die deutsche → Search and Rescue Region (SRR, Such- und
Rettungszone) in der Nord- und Ostsee. Die deutsche SRR wird unter
folgendem Link von der DGzRS dargestellt: https://www.shz.de/deutsch
land-welt/panorama/artikel/schauuebung-und-schiffsbesichtigung-der
-tag-der-seenotretter-2015-in-sh-41525208. Diese entspricht in etwa der
deutschen ausschließlichen Wirtschaftszone (200 nautische Meilen von
der Basislinie seewärts; → Welche maritimen Zonen gibt es und wo gilt
die Pflicht zur Seenotrettung?). In der deutschen SRR ist die DGzRS verantwortlich für die Durchführung, Leitung und Koordinierung maritimer Such- und Rettungsdienste.

Blickt man an die See-Außengrenzen der europäischen Union, so ist
neben den jeweiligen staatlichen Akteuren auch die EU-Grenzschutz-
agentur Frontex in SAR-Einsätze involviert. Sie wird auf Grundlage
der Seeaußengrenzen-Verordnung der EU tätig. Mit der Operation
Triton (2014–2018) löste Frontex – allerdings unter anderen Zweckbe-
stimmungen – das italienische Programm *Mare Nostrum* ab. Primäres

Ziel von Frontex -Einsätzen ist nicht die Seenotrettung, sondern der Grenzschutz und die Grenzkontrolle. Als weitere Akteure sind die EU-Mitgliedstaaten zu nennen, die im Rahmen der gemeinsamen Außen- und Sicherheitspolitik (GASP) der EU mit Marineeinheiten das zentrale Mittelmeer überwachen (s. dazu insbesondere die Operation EUNAVFOR Med Sophia, welche auch SAR-Trainings für die → libysche Küstenwache umfasst). Auch die libysche Küstenwache ist eine (viel kritisierte) Akteurin im zentralen Mittelmeer. Kritik besteht dahingehend, dass sie keine funktionierende (richtige) Küstenwache darstelle, unter paramilitärischem Einfluss stehe sowie vor dem Hintergrund, dass sie Menschen gegen ihren Willen an der Ausreise aus Libyen hindere. Die deutsche Regierung hat mittlerweile die Ausbildung der libyschen Einheiten eingestellt (→ Kapitel „Staatliche und europäische Reaktionen auf maritime Migration und zivile Seenotrettung").

Auf internationaler Ebene ist die International Maritime Organisation (IMO) eine der relevantesten Akteurinnen. Bei der IMO handelt es sich um eine internationale Organisation unter dem Dach der Vereinten Nationen (UN), die primär mit der Schaffung globaler Standards für die Schifffahrtsindustrie beauftragt ist.[46] Sie soll insbesondere zur Sicherheit des Handelsschiffverkehrs beitragen. Die IMO hat in der Vergangenheit Richtlinien zur Behandlung von aus Seenot geretteten Personen verabschiedet, die sich explizit auf die anwendbaren rechtlichen Regime, namentlich die SAR- und SOLAS-Übereinkommen sowie das IAMSAR Manual, beziehen (→ Welche (völker-)rechtlichen Regeln verpflichten zur Seenotrettung?).[47] Der UN High Commissioner for Refugees (UNHCR) hat ähnliche Richtlinien verabschiedet,welche die Richtlinie der IMO aus menschenrechtlicher Perspektive komplementieren. Sie legen im Einklang mit dem Mandat des UNHCR den Fokus auf Flüchtlingsproblematiken. Für maritime Migration über das Mittelmeer ist auch das Mandat der UN-Organisation für Migration (IOM) berührt, die insbesondere die Anzahl der Überfahrten und Vermissten bzw. Toten dokumentiert. Reaktionen von internationalen Organisationen

---

46 IMO, Introduction to IMO (2019), https://www.imo.org/en/About/Pages/Default.aspx (zuletzt abgerufen am 17.05.2022).

47 IMO, Resolution des Schiffssicherheitsausschusses vom 20.05.2004, MSC.167(78) Anhang 34.

sind seit der Flucht vietnamesischer Bootsflüchtlinge wahrzunehmen. Insbesondere nach dem sog. MV-Tampa-Vorfall ist eine verstärkte Involvierung von internationalen Organisationen beim Thema maritime Migration zu verzeichnen. Bei dem Tampa-Fall handelt es sich um einen international bekannten Seenotrettungsfall. Australien verweigerte der MV Tampa, einem unter norwegischer Flagge fahrenden Schiff, nach der Rettung von 433 Migrant:innen im Indischen Ozean unter Anweisung der australischen Küstenwache die Einfahrt in die Territorialgewässer.[48] Aufgrund des Vorfalles wurden im Jahr 2004 die SAR-Konvention und das SOLAS-Übereinkommen angepasst. Malta hat diese Anpassungen aber nicht ratifiziert, was zu ihrer Unanwendbarkeit für den Inselstaat führt. Dies zieht gegenwärtig erhebliche rechtliche und praktische Probleme bei SAR-Einsätzen in der maltesischen SAR-Zone nach sich, da die Ausschiffung der Geretteten sich nicht nach den aktualisierten Standards der erwähnten Regime richten muss.[49]

Daneben existiert die eingangs erwähnte International Maritime Rescue Federation (IMRF). Bei ihr handelt es sich um eine nichtstaatliche Organisation, die im SAR-Bereich tätig ist. Sie vereint die weltweit agierenden SAR-Organisationen unter einem Dach. Diese bestehen sowohl aus staatlichen als auch nichtstaatlichen Organisationen wie der DGzRS. Da die IMRF die einzige SAR-NGO mit beratendem Status bei der IMO ist, hat sie Einfluss auf die Resolutionen und Empfehlungen, welche die IMO im Bereich von SAR-Organisation und Operationen abgibt. So war die IMRF bspw. an der Erarbeitung der IAMSAR Manuals durch eine gemeinsame Arbeitsgruppe der IMO im Jahr 1991 beteiligt. Aufgabe der Arbeitsgruppe war die Harmonisierung der internationalen, aeronautischen und maritimen Seenotrettung. Darüber hinaus kann die IMRF aber auch in spezifischen technischen Fragen ihre Expertise einbringen. So wirkte sie an den technischen Spezifikationen von Rettungsbooten und lebensrettendem Equipment des 1974 SOLAS-Übereinkommens mit.

---

48   S. Hartmut von Brevern/Jens M. Bopp, Seenotrettung von Flüchtlingen, ZaörV 62 (2002), S. 841.

49   IMO, Status of IMO Treaties, Comprehensive information on the status of multilateral Conventions and instruments in respect of which the International Maritime Organization or its Secretary-General performs depositary or other functions (18.10.2022), https://wwwcdn.imo.org/localresources/en/About/Conventions/StatusOfConventions /Status%20of%20IMO%20Treaties.pdf (zuletzt abgerufen am 27.04.2022).

Auch im Rahmen des humanitären Völkerrechts stand die IMRF dem International Committee of the Red Cross (ICRC) beratend zur Seite. So nahm sie Einfluss auf den aktualisierten Kommentar zur Zweiten Genfer Konvention, der sich mit Seenotrettung in bewaffneten Konflikten auseinandersetzt (→ Wie wird Seenotrettung im humanitären Völkerrecht behandelt?).

Neben den hier benannten offiziellen Stellen retten im Mittelmeerraum insbesondere private Schiffe (in der Regel Handelsschiffe) sowie zivile Seenotrettungsorganisationen (SAR-NGOs) aus Seenot (→ Welche zivilen Seenotrettungsorganisationen gibt es?, → Was gilt für Kapitän:innen?).

Linktipp | Zum Tampa-Fall und dem Umgang Australiens mit Migration lesenswert: Klaus Neumann, Australische Flüchtlings- und Asylpolitik, 2016, abzurufen unter: https://www.bpb.de/themen/migration-integrati on/laenderprofile/233862/australische-fluechtlings-und-asylpolitik/. Im Mai 2021 verabschiedete der UNHCR einen Bericht zur Lage der Seenotrettung und Menschenrechte im Mittelmeer unter dem Titel „Lethal Disregard: Search and Rescue and the Protection of Migrants in the Central Mediterranean Sea". Dieser bietet einen tiefen Einblick in die Menschenrechtsproblematiken im Zusammenhang mit maritimer Migration über die Mittelmeerrouten. Er kann abgerufen werden unter: O HCHR-thematic-report-SAR-protection-at-sea.pdf. Die Website der International Maritime Rescue Federation kann wiederum unter folgendem Link gefunden werden: https://www.international-maritime-rescu e.org.

Welche zivilen Seenotrettungsorganisationen gibt es?

Als Antwort auf den Mangel staatlich geleiteter → Seenotrettung haben sich seit 2014 verschiedene Seenotrettungsorganisationen gegründet. Die Gemeinsamkeiten der Organisationen sind, dass sie mit eigenen oder gecharterten Schiffen Seenotrettung auf den verschiedenen Mittelmeerrouten betreiben, eine humanitäre Zielsetzung (Rettung von Menschenleben) aufweisen sowie, dass sie sich ausschließlich aus Spendengeldern finanzieren. Etwa ein Drittel oder fast die Hälfte der Organisationen haben ihren Vereinssitz in Deutschland und einige NGO-Schiffe fahren unter deutscher Flagge, z. B. die Schiffe Sea-Eye 4 und Sea-Watch 4. Die NGO-Landschaft verändert sich regelmäßig aufgrund von Neugründungen oder der Einstellung von Rettungsoperationen. Außerdem sind die Schiffe nicht permanent im Einsatz, da sie u. a. regelmäßig auf strafrechtlicher oder administrativer Rechtsgrundlage festgehalten werden. Insofern kann an dieser Stelle kein vollumfänglicher Überblick über alle in der Vergangenheit und aktuell aktiven Schiffe gewährt werden, es sollen aber diejenigen Organisationen, die aktuell Schiffe unterhalten, aufgezählt werden (Stand Juni 2023):

- Sea-Watch
- Sea-Eye
- Mission Lifeline
- RESQSHIP
- SOS Méditerranée
- Médecins sans Frontières
- SOS Humanity
- Proactivia Open Arms
- RESQ
- Mediterranea Saving Humans
- Sea Punks e.V.
- Search And Rescue for All Humans (SARAH)
- Louise Michel
- EMERGENCY

Ehemals in der Seenotrettung engagierte Organisationen sind (u. a.):

- Jugend Rettet
- Migrant Offshore Aid Station (MOAS)
- Mare Liberum (nur Menschenrechts-Monitoring)
- Save the Children

Die erste SAR-NGO, die sich in Reaktion auf die Flüchtlingskrise im Mittelmeer auf Malta im Jahr 2014 gründete, war Migrant Offshore Aid Station (MOAS). Die NGO, gegründet von einem italienisch-amerikanischen Paar, kaufte ein Fischerboot, welches zu einem SAR-Boot umgebaut Rettungseinsätze fahren konnte. Das Boot unter dem Namen Phoenix musste seine Mission bereits nach zwei Monaten aufgrund finanzieller Engpässe einstellen, konnte aber später mit der Unterstützung von Médecins Sans Frontières (MSF) seine Mission wieder aufnehmen. Zu den ersten deutschen NGOs gehören Sea-Watch, Jugend Rettet und Sea-Eye, die 2015 gegründet wurden.

Man kann grundsätzlich zwei verschiedene operationelle Modelle bei zivilen Seenotrettungseinsätzen unterscheiden. Ein Großteil der SAR-NGOs führt den gesamten Rettungseinsatz durch. Hierzu zählt, dass Menschen in → Seenot auch an Bord des Rettungsschiffes genommen werden und sodann an einen sog. → sicheren Ort verbracht (→ Was ist ein „sicherer Ort"?) und dort ausgeschifft werden. In der Vergangenheit haben Seenotrettungsorganisationen regelmäßig mit staatlichen Einheiten (Küstenwache oder Marine) kooperiert und gerettete Menschen auf staatliche Schiffe transferiert. Außerdem gibt es Seenotrettungs-NGOs, die mit kleineren Schiffen als *first responder* nur erste Hilfe leisten und daran beteiligt sind, dass die geretteten Menschen dann ggf. auf ein größeres Schiff verbracht werden (sog. Transshipment). Noch im Jahr 2015 galt dieses Einsatzmodell bspw. für Sea-Watch. Heute verfolgt u. a. die Organisation RESQSHIP mit ihrem lediglich 19 m langen Motorsegler Nadir dieses operationelle Modell. Ein Transshipment oder bloß erste Hilfe zu leisten hat den Vorteil, dass die NGO-Schiffe für einen längeren Zeitraum innerhalb der Suchregion verbleiben können und nicht direkt einen Hafen ansteuern müssen. Das für Sea-Watch geltende Operationsmodell im Jahr 2015 sah Hilfe in der Art und Weise vor, dass die geretteten Menschen in (neue) Schlauchboote verbracht wurden, die Platz für bis zu 400 Personen boten. Die NGO stellte darüber hinaus Wasser, Schwimmwesten und andere lebensnotwendige Dinge zur Verfügung. Sie blieb so lange vor Ort, bis ein staatliches SAR-Schiff die sich in Seenot befindenden Personen übernahm.[50] Durch diese Vorgehensweise soll(t)en staatliche Stellen besser zur Seenotrettung und zur Übernahme ihrer Aufgabe angehalten werden.

Audiotipps | Die NGO Sea-Eye veröffentlicht auf Spotify einen interessanten Podcast unter dem Titel „Sea-Eye Podcast: Ehrlich gesagt", in

---

50   Paolo Cuttitta, Repoliticization Through Search and Rescue? Humanitarian NGOs and Migration Management in the Central Mediterranean, Geopolitics 23.3 (2018), S. 632 (S. 643), https://www.tandfonline.com/doi/pdf/10.1080/14650045.2017.1344834?n eedAccess=true (zuletzt abgerufen am 01.02.2023).

dem nicht nur rechtliche Fragen zur Seenotrettung besprochen werden. Hier kann man bspw. Hafenschiffer und Aktivist Dariush von den IU-VENTA10 zuhören, wenn er aus eigener Erfahrung berichtet, wie es ist, als Seenotretter strafrechtlich von den italienischen Behörden verfolgt zu werden. Alle Episoden sind abrufbar unter: https://sea-eye.org/podc ast/. Auch die NGO Sea-Watch betreibt einen Podcast unter dem Namen „GRENZERFAHRUNG – der Sea-Watch Podcast". Auch dieser kann u. a. auf Spotify gehört werden: https://sea-watch.org/grenzerfahrung-podca st/

Wieso engagieren sich diese Organisationen im Mittelmeer?

Nachdem Italien die Seenotrettungsmission *Mare Nostrum* Ende 2014 einstellte und auch die europäischen Grenzschutzoperationen keinen äquivalenten Ersatz darstellten, beschlossen eine Reihe von zivilen Organisationen, selbst humanitäre Rettungsmissionen durchzuführen. Die unter der Ägide von Frontex durchgeführte Grenzschutzoperation Triton deckte ein geografisch sehr begrenztes Einsatzgebiet ab, außerdem stiegen die Todeszahlen im Mittelmeerraum stetig. Vor diesem Hintergrund sehen sich die meisten NGOs in der Rolle, die staatliche Aufgabe der Seenotrettung so lange zu erfüllen, bis Staaten selbst wieder proaktiv retten. Die zivilgesellschaftliche Position und Motivation werden (in Deutschland) gerne mit folgendem Zitat zusammengefasst: „Man lässt keine Menschen ertrinken. Punkt."

Unterschiede zwischen den NGOs ergeben sich teilweise bei ihrer konkreten politischen Ausrichtung bzw. der Frage, ob sie überhaupt eine politische Position vertreten sollten. Eine politikwissenschaftliche Analyse aus dem Jahr 2017 von Paolo Cuttita (siehe nachfolgenden Tipp) hat MOAS, MSF und Sea-Watch untersucht. Sie ist zu dem Ergebnis gekommen, dass MOAS (mittlerweile nicht mehr aktiv) die Seenotrettung entpolitisieren wollte: „We must take politics out of search and rescue. We must put saving lives at the top of the agenda."[51] MOAS verstand sich nicht als politisch-aktivistischer Verein, sondern als apolitisch:

---

51   MOAS, Professional Migrant Rescue Service MOAS to Set Sail on May 2nd, (20. April 2015), https://www.moas.eu/professional-migrant-rescue-service-moas-to-set-sa il-on-may-2nd/ (zuletzt abgerufen am 03.01.2023).

„MOAS is not a political action group, nor do we take a side in the various debates about the influx of refugees to places of safety and opportunity. All MOAS does is help rescue humans who would otherwise drown if help was not available."[52]

MSF hingegen habe eine klare politische Agenda und wolle aktiv auf politische Missstände und die Hintergründe für das Sterben im Mittelmeer aufmerksam machen. MSF verfolge als NGO die Agenda, Druck auf die EU-Staaten auszuüben, damit mehr SAR-Operationen eingesetzt werden. Außerdem sehe sich die NGO in der Rolle eines „Wachhundes" (Englisch: „watch dog"), der durch ein aufmerksames Auge dafür Sorge trage, dass an den EU-Außengrenzen alle rechtlichen Standards – insbesondere menschen-rechtliche Vorkehrungen – eingehalten würden. Zudem solle Migration über das Mittelmeer in den Medien sichtbar werden. Die Aufmerksamkeit auf dieses Thema solle zu einem humanen Bild von Migration beitragen, als Gegenpol zu dem abstrakten oder gar negativen Bild, wie es insbesondere von (rechts-)konservativen Regierungen vermittelt werde. Es geht also, so die Analyse, in letzter Linie darum, Einfluss auf die Migrationspolitik innerhalb der EU zu nehmen und diese zu verändern. Insbesondere fordert MSF sichere Fluchtwege und legale Einwanderungswege. Aufgrund des Unmuts gegenüber der EU-Politik hat MSF sich sogar entschieden, jegliche finanzielle Förderung durch EU-Mitgliedsstaaten abzulehnen.[53]

Sea-Watch geht in seiner politischen Agenda noch weiter, so Cuttitta. Wie MSF gehe es auch Sea-Watch darum, dass sichere Fluchtwege und legale Einwanderungswege geschaffen werden. Hierzu soll Druck auf Po-

---

52 So zitiert von Paolo Cuttitta, Repoliticization Through Search and Rescue? Humani-tarian NGOs and Migration Management in the Central Mediterranean, Geopolitics 23.3 (2018), S. 632 (S. 640), https://www.tandfonline.com/doi/pdf/10.1080/14650045.2017 .1344834?needAccess=true (zuletzt abgerufen am 03.01.2023); s. auch die Selbstbeschrei-bung von MOAS unter: https://www.moas.eu/about/ (zuletzt abgerufen am 03.01.2023)

53 Hernan del Valle, Search and Rescue in the Mediterranean Sea. Negotiating Political Differences, Refugee Survey Quarterly 35.2 (2016), S. 22 (27 ff.); Médecins Sans Frontièrs (MSF) erhält 92 % seiner finanziellen Förderung aus privaten Spenden. Die 8 % aus staatlichen Mitteln werden nur für apolitische Projekte genutzt (z. B. Post-Erdbeben-Unterstützung), s. MSF, EU leaders orchestrating humanitarian crisis on Europe's shores, (23.06.2015), https://www.msf.org/migration-eu-leaders-orchest rating-humanitarian-crisis-europe's-shores (zuletzt abgerufen am 03.01.2023); MSF, Migration: MSF's response to European Council meeting (26.05.2015), http://www.msf. org/article/migration-msfs-response-european-council-meeting (zuletzt abgerufen am 03.01.2013); MSF, In the first seven months of 2021, up to 1,000 people have died trying to cross the Mediterranean, https://www.msf.org/mediterranean-migration-depth (zuletzt abgerufen am 03.01.2023).

litiker:innen ausgeübt werden. Immer wieder werde betont, dass Frontex auch seinem SAR-Auftrag nachkommen müsse, der durch Sondermittel der EU finanziert werde. Auch Sea-Watch nimmt damit im Mittelmeer eine Watchdog-Position ein, z. B. indem es mit dem Flugzeug Moonbird Menschenrechtsverletzungen aus der Luft dokumentieren kann.[54] Nach dem Vorfall zwischen Sea-Watch und der libyschen Küstenwache (LCG) im Mai 2017, der heute als S.S. and others v. Italy vor dem EGMR anhängig ist, veröffentlichte Sea-Watch ein Statement, das den Internationalen Strafgerichtshof dazu aufforderte, seine Ermittlungen auf migrationsbezogene Verbrechen in Libyen durch erzwungene Rückführungen auszuweiten.[55]

Cuttittas Analyse ist zwar aus dem Jahr 2017 und betrifft lediglich drei NGOs. Sie verdeutlicht aber dennoch, dass SAR-NGOs, oberflächlich betrachtet, recht ähnlich agieren, dabei aber unterschiedlichen Zielsetzungen und Motivationen unterliegen können.

Literaturtipp | Die volle politikwissenschaftliche Analyse von Cuttitta kann hier nachvollzogen werden: Paolo Cuttitta, Repoliticization through Search and Rescue? Humanitarian NGOs and Migration Management in the Central Mediterranean, Geopolitics 23.3 (2018), S. 632–660.

---

54   Domradio, Moonbird meldet Flüchtlingsboote (29.04.2017), https://www.domradio.de /artikel/sea-watch-baut-rettungsflotte-weiter-aus (zuletzt abgerufen am 03.01.2023); Sea-Watch, SEA-WATCH AIR starts mission! (21.06.2016), https://sea-watch.org/en/s ea-watch-air-starts-mission/ (zuletzt abgerufen am 03.01.2023); Sea-Watch, SeaWatch bringt original Flüchtlingsboot vor den Bundestag auf die Spree (07.10.2015), https: //sea-watch.org/sea-watch-bringt-original-fluechtlingsboot-vor-den-bundestag-auf-di e-spree/ (zuletzt abgerufen am 03.01.2023); Sea-Watch, Einsatzbilanz der Sea-Watch und Aufforderung zur Seenotrettung an die EU, 14 July 2015; Sea-Watch, Sea-Watch Newsletter, 21.02.2016; Sea-Watch, Airplane to Assist Refugees; Sea-Watch, Status-Update zum ersten Einsatz der dritten Crew – Rettungsaktion und ärztliche Betreuung von 104 Menschen (23.07.2015), https://sea-watch.org/23-07-2015-status-update-zum -ersten-einsatz-der-dritten-crew-rettungsaktion-und-aerztliche-betreuung-von-104-m enschen/ (zuletzt abgerufen am 03.01.2023); Sea-Watch, Status-Update zum Einsatz 6 (13.07.2015), https://sea-watch.org/13-07-2015-status-update-zum-einsatz-6/ (zuletzt abgerufen am 03.01.2023).

55   International Criminal Court, Statement of ICC Prosecutor to the UNSC on the Situation in Libya (09.05.2017), https://www.icc-cpi.int/news/statement-icc-prosecutor-unsc-sit uation-libya (zuletzt abgerufen am 03.01.2023); Sea-Watch, Sea-Watch prepares legal measures to enforce the Non-Refoulement Principle (18.05.2017), https://sea-watch.or g/en/17246/ (zuletzt abgerufen am 03.01.2023).

Gibt es auch atypische Seenotrettungsorganisationen?

Als Gegenbewegung zu den zivilen Seenotrettungsorganisationen hat sich Anfang 2017 aus der identitären, rechtsextremen internationalen Bewegung Generation Identity heraus das Projekt „Defend Europe" gebildet. Es verschrieb sich der Mission, „Europa zu retten", indem „illegale Migration" gestoppt werde. Die Bewegung charterte hierzu ein Anti-NGO-Schiff (die C-Star), das während seines ersten Einsatzes versuchte, das SAR-Schiff von MSF an der Ausfahrt aus dem Hafen Catania zu hindern. Ironischerweise unterlag die C-Star einem Maschinenschaden und die NGO Sea-Eye wurde in der Folge aufgrund ihrer geografischen Nähe durch Einsatzkräfte der EU-Militärmission EUNAVFOR MED beauftragt, der C-Star Hilfe zu leisten. Diese wurde von der C-Star jedoch abgelehnt. Als nach Beendigung der Aktion die C-Star im August 2017 um Einfahrt in einen maltesischen Hafen bat, wurde ihr diese verweigert. Die Mitglieder der identitären Bewegung verließen daraufhin das Schiff und ließen seine Crew ohne Verpflegung und Geld auf dem Schiff zurück. Diese musste fortan für zwei Monate vom katalanischen Roten Kreuz versorgt werden.[56]

Begeben sich zivile Seenotretter:innen bei ihren Einsätzen im Mittelmeer in Gefahr?

Der Einsatz auf See geht immer mit gewissen Gefahren für den Menschen einher, z. B. infolge schlechten Wetters oder eines potenziellen

---

56 Frankfurter Rundschau, Malta lässt Identitäre abblitzen (21.08.2017), https://www. fr.de/politik/malta-laesst-identitaere-abblitzen-11086870.html (zuletzt abgerufen am 03.01.2023); Il Giornale, Migranti, blitz contro l'Ong: identitari bloccano la nave che va in Libia (13.05.2017), https://www.ilgiornale.it/news/cronache/migranti-blitz-con tro-long-identiatari-bloccano-nave-che-va-1396686.html?mobile_detect=false (zuletzt abgerufen am 03.01.2023); Danijel Majic, Schiff der Identitären in Seenot?, Frankfurter Rundschau (11.08.2017), https://www.fr.de/politik/schiff-identitaeren-seenot-11086896 .html (zuletzt abgerufen am 03.01.2023); Dominik Schreiber, „Defend Europe": Identitäre ließen Crew im Stich, Kurier (05.10.2017), https://kurier.at/chronik/weltchronik/recht e-anti-fluechtlings-mission-crew-sucht-um-asyl-an/290.213.007 (zuletzt abgerufen am 03.01.20123); Wiener Zeitung, „Defend Europe" endet mit Seenotrettung (11.08.2017), h ttps://www.wienerzeitung.at/nachrichten/politik/europa/910326-Defend-Europe-ende t-mit-Seenotrettung.html (zuletzt abgerufen am 03.01.2023).

Schiffsschadens. Dies gilt für Bootsflüchtlinge, die der Meeresumwelt unmittelbar ausgesetzt sind, natürlich in einem ganz anderen Ausmaß als für zivile Seenotretter:innen. Bezüglich der allgemeinen Schiffssicherheit ist aber anzumerken, dass die NGO-Schiffe von ihrem → Flaggenstaat festgeschriebene Sicherheitsstandards einhalten müssen. Aufgrund ihres Einsatzzweckes gehen NGO-Schiffe aber regelmäßig über die erforderlichen Sicherheitsstandards hinaus, z. B. in Bezug auf die notwendige Anzahl an Rettungsmitteln an Bord, damit sie auch in Fällen von Rettungsszenarien mit einer großen Anzahl von Menschen (MROs) adäquat Hilfe leisten können. Die Einhaltung der Sicherheitsvorschriften wird durch den Flaggenstaat und auch in gewissen Grenzen durch Hafenstaaten auf Grundlage europarechtlicher Regeln kontrolliert (→ Was ist das System der Hafenstaatkontrolle?). Gleichwohl gab es in der Vergangenheit auch kritische Situationen, die sich infolge eines Aufeinandertreffens zwischen NGOs und libyschen Sicherheitskräften (Libyan Coast Guard, LCG) zutrugen. So wurde in der Vergangenheit mehrfach von einem aggressiven Auftreten der LCG berichtet: Im April 2016 wurde das Schiff von Sea-Watch während eines SAR-Einsatzes von der LCG betreten, es wurden mehrere Schüsse in die Luft abgegeben und die LCG behauptete, das NGO-Schiff dürfe sich an seiner Position nicht aufhalten. Am 17. August 2016 fuhr die LCG auf die Bourbon Argos von MSF zu und feuerte dabei mehrere Schüsse ab, ging sodann an Bord der Bourbon Argos und durchsuchte das Schiff.[57] Am 9. September 2016 wurden zwei Mitglieder auf einem Speedboat der NGO Sea-Eye von der LCG festgenommen und nach Tripolis verbracht.[58] Im Oktober 2016 ging die LCG an Bord eines Schlauchboots, dessen Rettung Sea-Watch übernommen hatte, und verursachte das Entweichen der Luft aus dem Boot mit anschließendem Untergang mehrerer Menschen.[59] Im Mai 2017 unterbrach die LCG wiederum einen SAR-Einsatz von Sea-Watch,

---

57   Patrick Kingsley/Chris Stephen, Libyan navy admits confrontation with charity's rescue boat, The Guardian (28.08.2016), https://www.theguardian.com/world/2016/aug /28/libyan-navy-admits-confrontation-charity-rescue-boat-msf (zuletzt abgerufen am 03.01.2023).

58   Matthias Feuerer, Crew-Mitglieder der Sea-Eye wieder frei – Statement veröffentlicht, TVA (14.09.2016), https://www.tvaktuell.com/crew-mitglieder-der-sea-eye-wieder-frei -190807/ (zuletzt abgerufen am 03.01.2023).

59   Sea-Watch, EILMELDUNG: Viele Tote nach Überfall der Libyschen Küstenwache auf Sea-Watch Rettungseinsatz, (21.10.2016), https://sea-watch.org/eilmeldung-viele-tote -nach-ueberfall-der-libyschen-kuestenwache-auf-sea-watch-rettungseinsatz/ (zuletzt abgerufen am 03.01.2023).

um hunderte von Menschen zurück nach Libyen zu verbringen (→ Was versteht man unter Pushbacks?, → Was sind sog. Pullbacks?, → Was versteht man unter *contactless control*?). Koordiniert wurde der Vorfall durch das italienische → MRCC in Rom, welches Sea-Watch informierte, dass die LCG „on-scene command" innehabe.[60]

Über die tatsächlichen Gefahren hinaus, die insbesondere von der LCG ausgehen, sehen sich Senotretter:innen der Gefahr einer strafrechtlichen Verfolgung, insbesondere durch Italien und Malta, ausgesetzt. Oftmals werden die Anschuldigungen von den Regierungen aus politischen Gründen verfolgt und die Fälle nach langwierigen Prozessen fallen gelassen (→ Ist Seenotrettung strafbar?, → Was geschah mit der Cap Anamur im Jahr 2004?). Vor diesem Hintergrund ist die mit der Gefahr eines Strafprozesses verbundene psychische Belastung nicht zu unterschätzen.

---

60 Ahmed Elumami, Libyan coastguard turns back nearly 500 migrants after altercation with NGO ship, Reuters (10.05.2017), https://www.reuters.com/article/idUSKBN1862Q 2 (zuletzt abgerufen am 03.01.2023).

Maritime Migration und Seenotrettung

 In den Medien tritt Seenotrettung häufig im Kontext maritimer Migration in Erscheinung. Dieses Kapitel blickt daher auf die Seerouten von Migrant:innen und geht auf aktuelle Beispiele ein. Dabei wird auch auf die rechtliche Unterscheidung zwischen Flüchtlingen, Migrant:innen und Asylsuchenden geblickt.

Welche historischen Beispiele maritimer Migration gibt es?

Zivile → Seenotrettung im Kontext maritimer Migration steht erst seit einigen Jahren verstärkt im Fokus der Öffentlichkeit. Dabei ist maritime Migration als solche kein neues Phänomen. Mit der Entdeckung der amerikanischen Kontinente und ihrer Kolonialisierung begann auch ihre Besiedlung von Europa aus. Ein prominentes Beispiel für europäische Migration ist die Überfahrt des Segelschiffs Mayflower nach Nordamerika im Jahr 1620 mit englischen Pilger:innen (sog. Pilgerväter/Puritaner) an Bord, die ihren christlichen Glauben in Europa nicht nach ihren Vorstellungen ausleben konnten. Im 19. Jahrhundert verließen bis zu 5 Millionen Menschen Irland in Richtung Amerika, Kanada und Australien.[61] Einer der Auslöser war die durch die Kartoffelfäule ausgelöste Große Hungersnot. Im 20. Jahrhundert ist insbesondere an die Flucht von Jüd:innen vor den Nationalsozialisten zu denken. Mit dem Dampfer St. Louis brachen 1939 über 900 Menschen, zumeist jüdische Flüchtlinge, nach Kuba auf. Kuba und die USA verweigerten den Flüchtlingen die Einreise, nur 22 jüdische Flüchtlinge durften in Kuba das Schiff verlassen. So kehrten die Flüchtlinge nach Europa zurück – mindestens ein Viertel der → Flüchtlinge wurde in Konzentrationslagern ermordet.

Eine weitere Episode maritimer Migration fand nach dem Zweiten Weltkrieg und im Nachgang des Vietnamkrieges (1955–1975) statt. Im Jahr 1978 begannen die ersten Kampfhandlungen zwischen Vietnam und Kambodscha. Infolge des Krieges flohen in den 1970er und 1980er Jahren Menschen aus ganz Südostasien aus ihrer Heimat. Schätzungen zufolge versuchten rund 1,5 Millionen Menschen, das Land auf überladenen und hochseeuntauglichen Booten über das Südchinesische Meer zu verlassen (sog. *boat people* oder Bootsflüchtlinge). Bei diesen Überfahrten kamen Schätzungen zufolge rund 200.000 bis 250.000 Menschen ums Leben, weil die Boote kenterten, angegriffen wurden oder die Menschen infolge von Dehydrierung oder Krankheiten die Überfahrt nicht überlebten. Im Zuge dieser humanitären Krise erklärten sich verschiedene Staaten, darunter auch Deutschland, bereit, die → Flüchtlinge aufzunehmen. Rund 40.000 Vietnames:innen fanden auf unbürokratischem Weg Zuflucht in Deutschland. Die Geschichte der vietnamesischen Bootsflüchtlinge ist auch eng mit der Geschichte der zivilen Seenotrettung verknüpft. Unter dem Namen „Ein Schiff für Vietnam" organisierte ein

---

61   Kevin Kenny, Irish Emigration, c. 1845–1900, in: James Kelly (Hrsg.), The Cambridge History of Ireland, 3. Auflage, Cambridge: Cambridge University Press 2018, S. 667.

Komitee aus Deutschland und Frankreich operative Hilfe für vietnamesische Bootsflüchtlinge. Zwischen 1979 und 1987 retteten die Schiffe Cap Anamur I, II und III rund 11.000 Menschen aus Seenot.

Ab den 2000er Jahren sind weltweit diverse maritime Migrationsbewegungen zu beobachten, u. a. auch in Richtung Australien und in Richtung der Arabischen Halbinsel. Die Bevölkerungsgruppe der Rohingya wird in Anlehnung an die vietnamesischen Bootsflüchtlinge teilweise als „New Boat People" bezeichnet. Rohingya sind eine staatenlose muslimische Minderheit im überwiegend buddhistischen Myanmar, die seit Jahrzehnten systematisch verfolgt wird. Ab dem Jahr 2017 flohen Rohingya, oftmals per Boot, vor Verfolgung, Vertreibung und Ermordung durch das Militär. Vor dem Internationalen Gerichtshof (IGH) ist derzeit (Stand: Juni 2023) eine Klage anhängig, in der Myanmar vorgeworfen wird, einen Völkermord begangen zu haben, als es die muslimische Minderheit im Westen des Landes im Jahr 2017 vertrieb. Im Wege vorläufiger Maßnahmen (Englisch: „provisional measures") forderte der IGH Myanmar auf, alles zu tun, um die Rohingya vor einem Völkermord zu schützen.[62]

Eine abseits der medialen Öffentlichkeit stattfindende maritime Migrationsroute führt durch den Golf von Aden, der Somalia und Jemen trennt. Schätzungen zufolge überqueren über 100.000 Migrant:innen jedes Jahr das Meer nach Jemen.

Literatur- und Linktipps | Zur Geschichte der maritimen Migration siehe auch: Erik Lindner, Flucht übers Meer – Von Troja bis Lampedusa, Hamburg: Mittler im Maximilian-Verlag 2019. Lindner zeichnet in diesem Werk in sehr zugänglicher Weise maritime Migrationsereignisse nach. Er beginnt mit dem Mythos um Troja und der Geschichte des Aeneas, der seinen Vater Anchises auf den Schultern trägt und über das Mittelmeer flüchtet. Lindner endet mit der gegenwärtigen maritimen Migration über das Mittelmeer.

Ein Bericht über die Irrfahrt der St. Louis im Jahr 1939 ist abrufbar unter: https://www.bpb.de/themen/nationalsozialismus-zweiter-weltkrieg/sc hicksalsjahr-1938/258896/die-irrfahrt-auf-der-st-louis. Darin wird das

---

62 Die Entscheidung ist abzurufen unter: https://www.icj-cij.org/en/case/178 (zuletzt abgerufen am 03.01.2023).

Schicksal der Familie Friedmann erzählt, die als eine der wenigen Familien das Schiff in Kuba verlassen durften.

Wer gilt als Bootsflüchtling und handelt es sich dabei um einen Rechtsbegriff?

Mit der Flucht von Vietnames:innen über das Südchinesische Meer in den 1970er und 1980er Jahren hat sich für Menschen, die über den Seeweg auf oftmals hochseeuntauglichen Booten ihr Heimatland oder Transitländer verlassen, im englischen Sprachgebrauch der Begriff *boat people* herausgebildet, der im Deutschen oftmals mit „Bootsflüchtlinge" übersetzt wird. Es handelt sich dabei um keinen Rechtsbegriff, sondern um eine Gruppenbezeichnung für → Migrant:innen, die mangels sicherer oder legaler Migrationsrouten unter Lebensgefahr das Meer überqueren, um in einem anderen Land Zuflucht und Sicherheit zu finden. Obwohl es sich bei dem Begriff „Bootsflüchtling" um keinen Rechtsbegriff handelt, gehen mit dieser Bezeichnung erste rechtliche Einordnungen einher. Im rechtlichen Sinne sind Menschen, die als → Flüchtling bezeichnet werden, solche Menschen, die aufgrund einer im Flüchtlingsrecht anerkannten Fluchtursache ihr Herkunftsland verlassen (→ Aus welchen Gründen fliehen oder migrieren Menschen über das Mittelmeer?). Der Umstand, dass die Flucht bzw. Migration über den Seeweg erfolgt, führt dazu, dass der einschlägige Rechtsrahmen nicht nur aus Vorschriften des Flüchtlings- bzw. Asyl- und Migrationsrechts besteht, sondern sich auch aus seevölkerrechtlichen Regeln zusammensetzt. Im Übrigen ist bei lebensgefährlichen Szenarien immer auch an menschenrechtliche Schutzpflichten von Staaten zu denken (→ Kapitel „Der seevölkerrechtliche Rechtsrahmen von Seenotrettung", → Kapitel „Seenotrettung aus menschenrechtlicher und migrationsrechtlicher Perspektive").

Literaturtipps | Julia Kleinschmidt schreibt über die Aufnahme der ersten vietnamesischen Bootsflüchtlinge in Deutschland: Julia Kleinschmidt, Die Aufnahme der ersten *boat people* in die Bundesrepublik, Deutschland Archiv Online, 26.11.2013, abzurufen unter: http://www.bp b.de/170611. Eine detaillierte rechtliche Einordnung findet sich in fol-

gendem von Violeta Moreno-Lax und Efthymios Papastavridis heraus-
gegebenen Sammelband: Violeta Moreno-Lax/Efthymios Papastavridis
(Hrsg.), ‚Boat Refugees' and Migrants at Sea: A Comprehensive Ap-
proach. Integrating Maritime Security with Human Rights, Leiden/
Boston: Brill | Nijhoff 2017.

Über welche Seerouten erreichen Migrant:innen Europa?

Gemeinhin unterscheidet man zwischen drei Mittelmeerrouten. Die
westliche Mittelmeerroute führt von Algerien oder Marokko in Richtung
spanisches Festland. Die zentrale Mittelmeerroute verbindet Nordafrika,
insbesondere Libyen und Tunesien, mit Italien und Malta. Die östliche
Mittelmeerroute führt von der Türkei über die Ägäis nach Griechenland
oder Zypern. Seit einiger Zeit ist eine leichte Verlagerung der östlichen
Migrationsroute festzustellen, teilweise erfolgt die Überfahrt von der
Türkei aus nach Italien und nicht mehr nur nach Griechenland oder
Zypern.[63] Die sog. Atlantikroute führt von Westafrika (z. B. Maureta-
nien, Westsahara oder auch Gambia) zu den kanarischen Inseln. Die
Atlantikroute gilt aufgrund der starken Strömungen und Winde als
eine der gefährlichsten Routen. Die staatlich organisierte spanische
Seenotrettungsorganisation Sociedad de Salvamento y Seguridad Ma-
rítima (kurz Salvamento Marítimo oder SASEMAR) rettete auf der
Atlantikroute im Jahr 2018 rund 50.000 Menschen aus Seenot und zählte
mindestens 319 Tote bzw. Verschwundene. Die Zahlen für die Folgejahre
sind rückläufig (2019: rund 18.000 Rettungen und 138 Tote; 2020 rund
26.000 Ankünfte und 132 Tote).[64]

---

63   Roberto Forin/Bram Frouws, What's new? Analysing the latest trends on the Central
      Mediterranean mixed migration route to Italy, 2022, abzurufen unter: https://mixedmig
      ration.org/articles/whats-new-analysing-the-latest-trends-on-the-central-mediterrane
      an-mixed-migration-route-to-italy/ (zuletzt abgerufen am 03.01.2023).
64   Salvamento Marítimo, Jahresbericht 2020 (Spanisch), S. 23, abzurufen unter: http://ww
      w.salvamentomaritimo.es/sala-de-comunicacion/informe-anual (zuletzt abgerufen am
      03.01.2023).

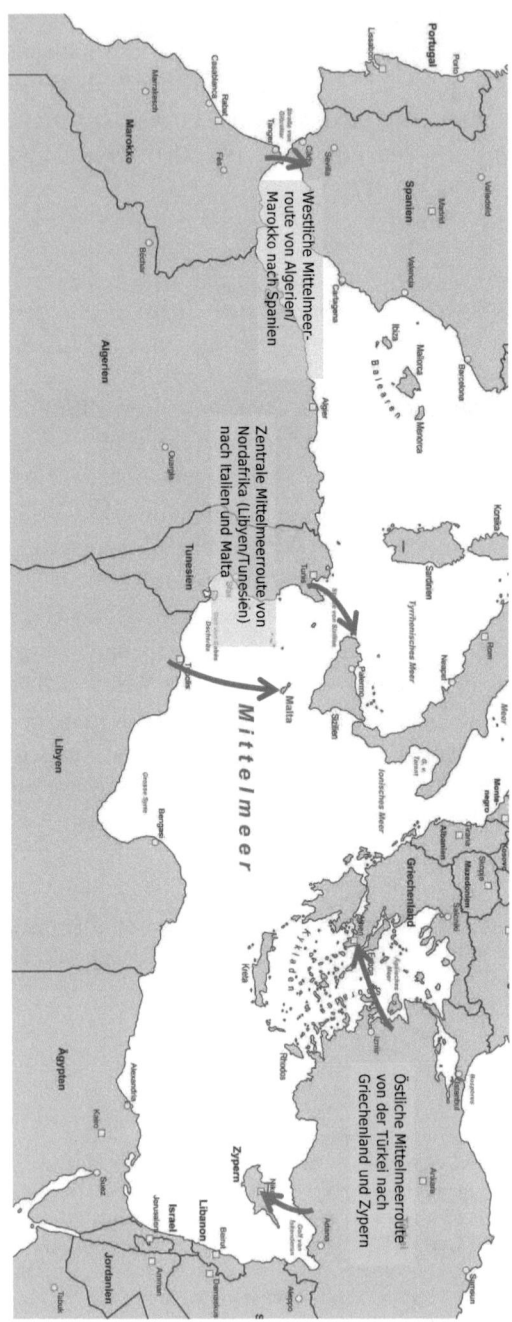

Abb. 2 | Die drei Mittelmeerrouten

Wie viele Menschen erreichen Europa über das zentrale Mittelmeer?

Die Internationale Organisation für Migration (IOM) sowie das UN-Flüchtlingshilfswerk aber auch andere Stellen, wie z. B. das italienische Innenministerium, dokumentieren die Zahl der Ankünfte von → Migrant:innen über das Mittelmeer. Dokumentiert wird auch die Zahl der Menschen, die von der libyschen Küstenwache abgefangen werden (sog. *Interceptions*) sowie die Todeszahlen (→ Wie viele Menschen sterben beim Versuch, europäischen Boden zu erreichen?).

Allein für den Bereich der zentralen Mittelmeerroute dokumentiert die IOM folgende Ankunfts- und Abfangzahlen sowie eine Todesrate, gemessen an den Gesamtabfahrtszahlen:

- 2015: 153.842 Ankünfte (nur Italien)
- 2016: 181.436 Ankünfte, 15.437 Interceptions, Todesrate mind. 2 %
- 2017: 119.370 Ankünfte, 22.030 Interceptions, Todesrate mind. 2 %
- 2018: 24.815 Ankünfte, 19.519 Interceptions, Todesrate mind. 3 %
- 2019: 14.876 Ankünfte; 2.456 Interceptions, Todesrate mind. 7 %
- 2020: 36.438 Ankünfte, 25.357 Interceptions, Todesrate mind. 2 %
- 2022: 105.574 Ankünfte, 56.515 Interceptions, Todesrate mind. 1 % (Stand: 03.05.2023)

Die vergleichsweise hohen Ankunftszahlen in den Jahren 2015 und 2016 sind vor dem Hintergrund des syrischen Bürgerkrieges zu sehen. Danach sind die Zahlen rückläufig. Ursache für den Rücklauf der Zahlen ist nicht nur, dass sich infolge der Covid-19-Pandemie und internationalen Grenzschließungen und Reisebeschränkungen weniger Menschen auf den Weg nach Europa machen konnten. Auch die Vereinbarungen mit Drittstaaten wie der Türkei oder Libyen, die Migrant:innen an der Ausreise Richtung Europa hindern – aber auch Zurückweisungen an den Grenzen (→ Dürfen europäische Staaten Asylsuchende zurückweisen?) – hindern Menschen an Grenzübertritten. Die Zahl der Ankünfte, *Interceptions* und Todeszahlen beruht in der Regel auf Angaben von staatlichen Stellen wie Küstenwachen. Die Zahlen von IOM unterscheiden sich teilweise von nationalen Aufzeichnungen. Allein Italien hat im Jahr 2022 mehr als 95.000 Ankünfte registriert.[65] Insofern sind die Zahlen als grobe Schätzungen zu verstehen.

Welche Staatsangehörigkeiten haben die Menschen, die die Boote besteigen?

Menschen, die Europa über das Mittelmeer erreichen, haben verschiedene Staatsangehörigkeiten. Die Herkunftsländer der Menschen haben sich im Laufe der Zeit verändert und hängen oftmals von den politischen Ereignissen in den jeweiligen Herkunfts- und Transitländern ab. Die Hauptherkunftsländer der Migrant:innen, die das Mittelmeer überqueren, waren im Jahr 2017 (in absteigender Reihenfolge) Nigeria, Syrien, Guinea, Elfenbeinküste, Marokko, Bangladesch, Gambia, Irak, Mali und Eritrea.[66] Im Jahr 2019 waren es Afghanistan, Syrien, Marokko, Algerien, Guinea, Irak, Elfenbeinküste, Demokratische Republik Kongo, Tunesien und Mali. Für Ankünfte in Italien kann auf Zahlen des italienischen Innenministeriums zurückgegriffen werden. Tabelle 1 zeigt, dass die Staatsangehörigkeiten der über den Seeweg ankommenden Asylsuchenden sich nicht mehr überwiegend auf (west-)afrikanische Staaten beschränkten, so wie dies in den Jahren 2016 und 2017 der Fall war. Viele der Ankommenden stammen mittlerweile aus Nordafrika (Tunesien und Ägypten im Jahr 2021).

---

65 Die Zahl der Ankünfte lässt sich auf der Internetseite des italienischen Innenministeriums abrufen unter: https://www.interno.gov.it/it/stampa-e-comunicazione/dati-e-statistiche/sb archi-e-accoglienza-dei-migranti-tutti-i-dati (zuletzt abgerufen am 03.01.2023).

66 S. Publikation des UNHCR, Refugees Migrants Arrivals to Europe in 2017, abzurufen unter: https://data.unhcr.org (zuletzt abgerufen am 03.01.2023).

2016	2017	2018	2019	2020	2021
Nigeria 37.551 (21 %)	Nigeria 18.153 (15 %)	Tunesien 5.181 (22 %)	Tunesien 2.654 (23 %)	Tunesien 12.883 (38 %)	Tunesien 15.671 (23 %)
Eritrea 20.718 (11 %)	Guinea 9.693 (8 %)	Eritrea 3.320 (14 %)	Pakistan 1.180 (10 %)	Bangla-desch 4.141 (12 %)	Ägypten 8.352 (12 %)
Guinea 13.345 (7 %)	Elfenbein-küste 9.504 (8 %)	Irak 1.744 (7 %)	Elfenbein-küste 1.139 (10 %)	Elfenbein-küste 1.950 (6 %)	Bangla-desch 7.824 (12 %)
Elfenbein-küste 12.396 (7 %)	Bangla-desch 8.995 (8 %)	Sudan 1.619 (7 %)	Algerien 1.009 (9 %)	Algerien 1.458 (4 %)	Iran 3.915 (6 %)
Gambia 11.929 (7 %)	Mali 7.114 (6 %)	Pakistan 11.589 (7 %)	Irak 972 (9 %)	Pakistan 1.400 (4 %)	Elfenbein-küste 3.807 (6 %)

Tab. 1 | Anzahl der Asylsuchenden, die zwischen 2016 und 2021 in Italien angekommen sind, Quelle: eigene Darstellung auf Grundlage der Daten von Roberto Forin/Bram Frouws, What's new? Analysing the latest trends on the Central Mediterranean mixed migration route to Italy, 2022, abzurufen unter: https://mixedmigration.org/articles/whats-new-a nalysing-the-latest-trends-on-the-central-mediterranean-mixed-migration-route-to-italy/ (zuletzt abgerufen am 03.01.2023).

Es gibt keine verlässlichen Zahlen darüber, wie viele Menschenleben infolge von zivilen Seenotrettungseinsätzen gerettet wurden, und auch nicht darüber, welche Staatsangehörigkeit diese Menschen haben. Allein durch MOAS, Médecins Sans Frontières und Sea-Watch wurden im Jahr 2015 20.063 der 152.343 Flüchtlinge gerettet, die nach Italien verbracht wurden.[67] Zwei Jahre später wurden von SAR-NGOs 46.601 Menschen gerettet, wohingegen durch die Frontex-Operation Triton nur 14.976 Menschen und durch Operation EUNAVFOR Med Sophia nur 10.663 Menschen gerettet

---

67 Paolo Cuttitta, Repoliticization Through Search and Rescue? Humanitarian NGOs and Migration Management in the Central Mediterranean, Geopolitics 23:3 (2018), S. 633, h ttps://www.tandfonline.com/doi/pdf/10.1080/14650045.2017.1344834?needAccess=true (zuletzt abgerufen am 01.02.2023).

wurden.[68] Während der ersten beiden Pandemiejahre war die Zahl der über das Mittelmeer migrierenden Menschen stark rückläufig, sodass auch die Zahl der Geretteten eher niedrig war. Im Jahr 2022 ist die Zahl der Bootsmigrant:innen wieder stärker angestiegen. Allein Italien erreichten im Zeitraum vom 1. Januar bis 25. November 2022 rund 95.000 Menschen. Die Zahl der autonomen Ankünfte ist dabei um ein Wesentliches höher als die Zahl der Menschen, die auf einem NGO-Schiff in Italien angekommen sind.[69] An dieser Stelle zeigt sich, dass die Zahl der Ankünfte, die das italienische Innenministerium registriert, nicht deckungsgleich ist mit den Zahlen der IOM.

Aus welchen Gründen fliehen oder migrieren Menschen über das Mittelmeer?

Migration wird oftmals auf vereinzelte Gründe wie Armut oder Krieg reduziert. Flucht- bzw. Migrationsgründe sind indes divers und vielschichtig. So können sich Menschen aufgrund verschiedener, teilweise miteinander verknüpfter Faktoren (einschließlich wirtschaftlicher, politischer, sozialer und religiöser oder ethnischer Faktoren) gezwungen sehen, ihr Land zu verlassen. Die Entscheidung zu migrieren beruht regelmäßig auf verschiedenen individuellen und strukturellen Faktoren und Auslösern,[70] die nicht immer trennscharf auseinander zu halten sind, sondern sich oftmals gegenseitig bedingen. Das Asyl- und Migrations(völker-)recht spiegelt diese sozialwissenschaftlich zu erklärende Komplexität nicht hinreichend wider, sondern arbeitet mit Kategorien von Schutzformen und Schutzberechtigungen. In rechtlicher Hinsicht kann daher zwischen Asylsuchenden, Flüchtlingen und anderen Migrant:innen unterschieden werden.

68　Italian Coast Guard, Attività SAR Nel Mediterraneo Centrale (2017), S. 14, 19, https://www.guardiacostiera.gov.it/attivita/Documents/attivita-sar-immigrazione-2017/Rapporto_annuale_2017_ITA.pdf zuletzt abgerufen am 02.02.2023).

69　Die Zahl der Ankünfte lässt sich auf der Internetseite des italienischen Innenministeriums abrufen: https://www.interno.gov.it/it/stampa-e-comunicazione/dati-e-statistiche/sbarchi-e-accoglienza-dei-migranti-tutti-i-dati (zuletzt abgerufen am 02.02.2023).

70　S. dazu z. B. den Bericht des Entwicklungsprogramms der UN (UNDP), Scaling Fences: Voices Of Irregular African Migrants To Europe (2019), S. 40 ff.

- Asylsuchende sind solche Menschen, die ihr Land zum Zwecke der Asylantragstellung verlassen oder das Land bereits verlassen haben. Sie haben aber das angestrebte Asylverfahren noch nicht durchlaufen.
- Ein → Flüchtling ist nach dem internationalen Flüchtlingsrecht diejenige Person, die sich

> „aus der begründeten Furcht vor Verfolgung wegen ihrer Rasse, Religion, Nationalität, Zugehörigkeit zu einer bestimmten sozialen Gruppe oder wegen ihrer politischen Überzeugung [...] außerhalb des Landes befindet, dessen Staatsangehörigkeit sie besitzt, und den Schutz dieses Landes nicht in Anspruch nehmen kann oder wegen dieser Befürchtungen nicht in Anspruch nehmen will" (vgl. Art. 1 A Nr. 2 der Genfer Flüchtlingskonvention).

- Migrantin oder Migrant gilt einerseits als Oberbegriff und umfasst sowohl Flüchtlinge als auch diejenigen Menschen, die, ohne Flüchtling zu sein, ihre Heimat verlassen, um in einem anderen Land zu leben. Im rechtlichen Sinne wird der Begriff in Abgrenzung zum Flüchtlingsbegriff gebraucht, um diejenigen Menschen zu erfassen, die ohne rechtlich anerkannten Fluchtgrund ihr Land verlassen haben.

Nicht alle Menschen, die das Mittelmeer überqueren, gelten im rechtlichen Sinne als Flüchtlinge. Ob es sich bei denjenigen Menschen, die über das Mittelmeer migrieren, um Flüchtlinge im rechtlichen Sinne handelt, wird in Deutschland im Wege des Asylverfahrens geklärt. Das deutsche Recht unterscheidet dabei u. a. auf Grundlage völker- und europarechtlicher Regelungen vier verschiedene sog. Schutzformen, nämlich die Asylberechtigung, den Flüchtlingsschutz, den subsidiären Schutz und das Abschiebungsverbot.

Die rechtliche Unterscheidung zwischen Flüchtlingen und → Migrant:innen ist wenig hilfreich, wenn es darum geht, Migrationsursachen zu begreifen und aufzuschlüsseln. Um der Diversität der Migrant:innen, die etwa gemeinsam ein Schlauchboot besteigen, gerecht zu werden, aber auch, um die Komplexität von Migrationsursachen zu betonen, wird daher teilweise der Begriff „mixed migration" (zu Deutsch: „gemischte Migrationsbewegung") verwendet.

Literaturtipp | Eine Einführung in das (deutsche) Asylrecht findet sich bei: Petra Haubner/Maria Kalin, Einführung in das Asylrecht, Baden-Baden: Nomos 2017.

Wie viele Menschen sterben beim Versuch, europäischen Boden zu erreichen?

Das Mittelmeer gilt als eine der tödlichsten Grenzen weltweit. Nach Schätzungen der Internationalen Organisation für Migration (IOM) sind seit 2014 mehr als 27.000 Menschen beim Versuch, das Mittelmeer zu überqueren, gestorben (Stand: Juni 2023). Im Jahr 2015 sind mehr als 4.055 Menschen auf den Mittelmeerrouten ertrunken. 2016 stellt dabei das Jahr mit den meisten Todesfällen dar. Es ertranken in diesem Jahr mindestens 5.136 Menschen (darunter 172 Kinder). Im Jahr 2021 starben mindestens 2.062 Menschen, im Jahr 2022 waren es 2.406 Menschen (Stand: 03.05.2023). Die Zahl der Toten ist immer auch in Relation zu den Abfahrten zu sehen. Umso höher die Zahl der Abfahrten, umso höher ist auch die Zahl der ertrunkenen oder vermissten Menschen.

Jahr	Todesfälle westliche Mittelmeer- route	Todesfälle zentrale Mit- telmeer- route	Todesfälle östliche Mit- telmeer- route	Todesfälle gesamt
2014	59	3.126	101	3.286
2015	102	3.149	804	4.055
2016	128	4.574	434	5.136
2017	224	2.853	62	3.139
2018	849	1.314	174	2.337
2019	552	1.262	71	1.885
2020	343	1.000	106	1.449
2021	384	1.567	111	2.062
2022	611	1.417	378	2.406
				25.755

Tab. 2 | Todes- und Vermisstenfälle von Migrantinnen und Migranten auf den Mittelmeer-routen, Quelle: eigene Darstellung auf Grundlage der Daten von https://missingmigrants. iom.int/region/mediterranean (Zeitraum: Januar 2014–Dezember 2022; zuletzt abgerufen am 03.05.2023).

In methodischer Hinsicht sammelt die Organisation Informationen aus verschiedenen Quellen (z. B. aus offiziellen Aufzeichnungen von Küstenwachen, aus Medienberichten, von Nichtregierungsorganisationen, durch Befragung von Migrant:innen). Für den Mittelmeerraum werden die Daten von den zuständigen nationalen Behörden an die IOM-Feldmissionen weitergeleitet. Daten werden auch von der IOM und anderen Organisationen

erhoben, die Überlebende an den Anlandestellen in Italien und Griechenland aufnehmen. Nach Angaben von IOM stellen die Todeszahlen nur
annähernde Schätzungen dar. Die tatsächlichen Todeszahlen dürften daher
wesentlich höher sein.

Linktipp | Seit 2014 dokumentiert die Internationale Organisation für
Migration (IOM) die Zahlen von vermissten und toten Migrant:innen
unter https://missingmigrants.iom.int/.

Wieso wählen Menschen den gefährlichen Seeweg?

Die Todeszahlen zeigen, dass der Weg über das Mittelmeer auf hochseeuntauglichen und meist stark überladenen Holz- oder Schlauchbooten lebensgefährlich ist. Seit 2014 sind mehr als 27.000 Menschen bei
dem Versuch, europäischen Boden zu erreichen, ertrunken. Der Grund,
weshalb sich Menschen für eine lebensgefährliche Überfahrt nach Europa entscheiden und nicht auf sicherem Wege einreisen, z. B. per
Flugzeug, liegt darin, dass die Einreise nach Europa für Drittstaatsangehörige (Menschen ohne Staatsangehörigkeit eines EU-Mitgliedstaates)
rechtlich reglementiert ist. Die rechtliche Erlaubnis zur Einreise wird
z. B. mittels eines Visums erteilt. Asylsuchende, die den Weg über das
Mittelmeer wählen, haben in der Regel aufgrund strenger Visavergabe-
richtlinien keinen Zugang zu diesen legalen Einreismöglichkeiten. So
hat der Europäische Gerichtshof in einer viel beachteten Entscheidung
festgestellt, dass das Europarecht, auf dessen Grundlage die EU-Mitgliedstaaten Visa an Drittstaatsangehörige erteilen, keine Möglichkeit
vorsieht, Visa zu erteilen, wenn das Visum die Einreise zum Zwecke der
späteren Asylantragstellung ermöglichen soll.[71]
Rechtlich kann zwischen regulärer und irregulärer Migration unterschieden werden. Reguläre Migration meint die Einreise, Durchreise
oder den Aufenthalt in einem Staat in Übereinstimmung mit dem

---

71   S. Rudolf Geiger/Daniel-Erasmus Khan/Markus Kotzur/Lando Kirchmair/Nassim Mad-
      jidian, AEUV, 7. Auflage, München: C. H. Beck 2023, Art. 77 Rn. 12.

jeweils geltenden Recht. Irreguläre Migration erfasst die umgekehrte Situation, also die Einreise, Durchreise oder den Aufenthalt in einem Staat, ohne dazu berechtigt zu sein. Bisher gibt es kein allgemein anerkanntes (Menschen-)Recht auf globale Bewegungsfreiheit oder auf Einreise.[72] Es gilt vielmehr der Grundsatz, dass Nationalstaaten kraft ihrer territorialen Souveränität und Gebietshoheit über die Einreise und den Aufenthalt von Menschen gesetzliche Regeln aufstellen und diese auch durchsetzen dürfen. Die EU-Mitgliedstaaten sind dabei an das geltende Verfassungsrecht, Europarecht und Völkerrecht gebunden.

Neben einem Visum besteht eine weitere Möglichkeit legaler Migration durch humanitäre Aufnahmeprogramme, auch „Resettlement-Programme" genannt. Diese Programme ermöglichen die dauerhafte Umsiedlung von → Migrant:innen aus Aufnahmeländern, in denen vorübergehender Schutz gesucht wurde, in aufnahmebereite Drittstaaten. Resettlement-Programme können sowohl auf Grundlage von staatlichen als auch zivilgesellschaftlich finanzierten Programmen erfolgen. Die Neuansiedlung erfolgt in der Regel in Zusammenarbeit mit dem UN-Flüchtlingshilfswerk UNHCR, das besonders schutzbedürftige Menschen identifiziert. Insgesamt erreicht aufgrund geringer Aufnahmekapazitäten nur ein Bruchteil aller Schutzberechtigten ein Aufnahmeland über Resettlement-Programme. Auf UN-Ebene entwickelten sich im Zuge der Flucht von Vientnames:innen in den 1980er Jahren Resettlement-Programme, die auf den Prinzipien des Lastenausgleiches und der internationalen Solidarität Küstenstaaten entlasten sollten, um damit die Erlaubnis zur Hafeneinfahrt von Flüchtlingen zu erhalten, bspw. die Disembarkation Resettlement Offers (DISERO) sowie die Rescue at Sea Resettlement Offers (RASRO) in den 1970er und 1980er Jahren.[73] Beide Dokumente enthielten Bestimmungen darüber, dass Küstenstaaten aufgrund von Vereinbarungen die Ausschiffung erlauben und den Geflüchteten zumindest temporären Flüchtlingsstatus zuerkennen sollten. Darüber hinaus stand es Drittstaaten offen, Garantien bezüglich eines Resettlements Geflüchteter zuzusprechen. DISEO und RASRO

---

72 Zu den normativen Begründungsversuchen s. z. B. Andreas Cassee, Globale Bewegungsfreiheit, Berlin: Suhrkamp 2019.

73 Vgl. auch Resettlement: A Tool of Protection, a Durable Solution and a Means of Responsibility Sharing, UNHCR, April 2001.

wurden allerdings beide beendet, da die Garantie, dass jegliche Personen vietnamesischer Staatsangehörigkeit, die aus → Seenot gerettet wurden, innerhalb von 90 Tagen in den Genuss von Resettlement kämen, nicht mit den 1989 Comprehensive Plan of Action Guidelines vereinbar war, wonach alle neuankommenden → Flüchtlinge einem Screening zur Statusbestimmung unterzogen werden sollten.[74] Heutzutage erscheint der Aufbau solcher Resettlement-Programme auch für die Ankünfte an den EU-Außengrenzen dringend notwendig. Angesichts des Umstandes, dass es sich bei den Ankünften über das Mittelmeer nicht nur um Asylberechtigte handelt, bestehen insbesondere in politischer Hinsicht Bedenken.[75]

Für die Einreise nach Europa gelten neben den Visaanforderungen aber weitere Einreisebeschränkungen. Nach Art. 26 Abs. 1 lit. b des Schengener Durchführungsübereinkommens müssen sich Beförderungsunternehmen (z. B. Fluglinien oder Schifffahrtsunternehmen) vergewissern, dass die über dem Luft- oder Seeweg beförderten „Drittausländer" über die für die Einreise in das Hoheitsgebiet europäischer Staaten erforderlichen Reisedokumente verfügen, andernfalls drohen den Unternehmen strenge Sanktionen, z. B. in Form von Bußgeldern (vgl. dazu die Richtlinie über sog. *Carrier Sanctions,* Richtlinie 2001/51/EG des Rates vom 28.06.2001). Insgesamt mangelt es daher an legalen und sicheren Einreisemöglichkeiten für viele Migrant:innen und die Überfahrt über das Mittelmeer stellt eine der wenigen Möglichkeiten dar, nach Europa einzureisen.

Ist maritime Migration verboten?

Diverse völkerrechtliche Regelwerke erkennen ein Menschenrecht auf Ausreise an. Art. 13 Abs. 2 der Allgemeinen Erklärung der Menschenrechte formuliert: „Jeder hat das Recht, jedes Land, einschließlich seines eigenen, zu verlassen und in sein Land zurückzukehren." Eine ähnliche Formulierung

---

74   UNHCR, UNHCR guidelines on applicable criteria and standards relating to the protection of refugees and asylum-seekers rescued at sea, Rn. 38, https://www.unhcr.o rg/3e5f35e94.pdf (zuletzt abgerufen am 02.02.2023).

75   Ibid, Rn. 37 f.

findet sich in Art. 12 Abs. 2 des Internationalen Paktes über bürgerliche und politische Rechte (UN-Zivilpakt): „Jedermann steht es frei, jedes Land einschließlich seines eigenen zu verlassen." Weitere Bezugnahmen auf das Recht, jedes Land, einschließlich seines eigenen, zu verlassen, finden sich im UN-Übereinkommen über die Rechte des Kindes (Art. 10 Abs. 2) und im Internationalen Übereinkommen zur Beseitigung jeder Form von Rassendiskriminierung (Art. 5). Einschränkungen des Rechts auf Ausreise, wie sie z. B. in Art. 12 Abs. 3 des UN-Zivilpaktes vorgesehen sind, müssen grundsätzlich eng ausgelegt werden. Daraus folgt, dass die Ausreise aus einem Land, auch zum Zwecke der Migration oder Flucht, keinesfalls ein verbotenes Verhalten darstellen kann. Im Gegenteil, das Völkerrecht gewährleistet vielmehr das Menschenrecht auf Ausreise.

Gleichwohl erfasst das Menschenrecht auf Ausreise nicht zugleich auch ein Recht auf Einreise. Diesen Grundsatz verdeutlichen beispielhaft die Regeln des deutschen Aufenthaltsrechts. In Deutschland regelt das Aufenthaltsgesetz, unter welchen Bedingungen die Einreise von Drittstaatsangehörigen erlaubt bzw. unerlaubt ist (vgl. §§ 13, 14 Aufenthaltsgesetz). Eine erlaubte Einreise liegt grundsätzlich nur dann vor, wenn Ausländer:innen in Besitz eines Visums sind. Die Visumspflicht gilt nicht für deutsche Staatsangehörige, Staatsangehörige eines EU-Mitgliedstaates und Staatsangehörige von Ländern, die von der Visumspflicht befreit sind.

Art. 31 Abs. 1 der Genfer Flüchtlingskonvention verbietet Staaten eine Bestrafung von Flüchtlingen wegen unrechtmäßiger Einreise oder Aufenthalt (vgl. auch § 95 Abs. 5 Aufenthaltsgesetz). Die unerlaubte Einreise nach Deutschland ist daher grundsätzlich straffrei mit Ausnahme derjenigen strafbewährten Handlungen, die in § 95 unter Strafe gestellt werden und die sich insbesondere auf den Aufenthalt in Deutschland beziehen (z. B. der passlose Aufenthalt, vgl. § 95 Abs. 1 Nr. 1 Aufenthaltsgesetz).

Literaturtipp | Zu den völkerrechtlichen Rechtsgrundlagen des Menschenrechts auf Ausreise siehe auch den Aufsatz von: Nora Markard, Das Recht auf Ausreise zur See. Rechtliche Grenzen der europäischen Migrationskontrolle durch Drittstaaten, Archiv des Völkerrechts 52.4 (2014), S. 449–494.

Ist maritime Migration strafbar?

Nach den oben beschriebenen Grundsätzen stellt maritime Migration kein rechtlich verbotenes Verhalten dar und dürfte, so würde man meinen, auch nicht strafbar sein. Dennoch finden seit einiger Zeit (insbesondere im Jahr 2022) immer wieder Strafverfahren gegen Asylsuchende statt. Nach Schätzungen eines griechischen Anwalts finden allein in Griechenland pro Jahr etwa 200–300 Gerichtsverfahren vor griechischen Strafgerichten statt.[76] Ob maritime Migration ein strafbares Verhalten darstellt, bemisst sich grundsätzlich nach den strafrechtlichen Vorschriften des jeweiligen Ankunftsstaates, z. B. Malta, Italien oder Griechenland. Strafrechtliche Relevanz haben insbesondere sog. Boatdriver-Fälle. Dabei handelt es sich um Fälle, in denen Asylsuchenden der strafrechtliche Vorwurf gemacht wird, eigenständig ein Schlauchboot gesteuert zu haben. Der konkrete strafrechtliche Vorwurf bezichtigt die Asylsuchenden regelmäßig des Menschenschmuggels, der (eigenen) unerlaubten Einreise sowie Beihilfe zur unerlaubten Einreise und ggf. erschwerende Umstände, wenn im Laufe der Überfahrt Mitreisende in Lebensgefahr geraten oder gar ertrunken sind. Menschenrechtsorganisationen und Anwält:innen kritisieren, dass strafrechtliche Verurteilungen im Zusammenhang mit der Einreise von Asylsuchenden gegen höherrangiges Recht verstoßen, neben Art. 31 Abs. 1 der Genfer Flüchtlingskonvention insbesondere auch Art. 5 und 6 des Zusatzprotokolls gegen die Schleusung von Migranten auf dem Land-, See- und Luftweg, wonach → Migrant:innen strafrechtlich nicht für ein Verhalten im

---

76 https://english.alaraby.co.uk/analysis/paros-3-how-greece-criminalising-asylum-seek ers.

Zusammenhang mit ihrer Flucht belangt werden sollen. Die Umsetzung dieser oben zitierten völkerrechtlichen Regelungen erfolgt für EU-Mitgliedstaaten im Wege der EU-Richtlinie 2002/90/EG vom 28.11.2002. Die Richtlinie, so wird kritisiert, setzt die völkerrechtliche Regelung nur unzureichend um und eröffnet so einen rechtlichen Spielraum für die strafrechtliche Verfolgung sowohl von Asylsuchenden als auch von Mitgliedern humanitärer Hilfsorganisationen.[77]

Welche Beispiele für Strafverfahren gegen Bootsflüchtlinge gibt es?

Es gibt sehr viele Beispiele für Strafverfahren gegen Asylsuchende, die per Boot ein europäisches Land erreicht haben. An dieser Stelle sollen zwei Fälle kurz vorgestellt werden, die auch medial Beachtung gefunden haben.

Im Fall der Samos 2 geriet in der Nacht vom 7. November 2020 ein Schlauchboot mit überwiegend afghanischen Asylsuchenden vor der griechischen Insel Samos in Seenot und kenterte. An Bord war N. und sein 6-jähriger Sohn sowie 22 weitere Menschen. Die alarmierte griechische Küstenwache traf erst nach mehreren Stunden ein und führte dann aber nach der Aussage von Überlebenden keine Rettungsmaßnahmen durch. Der Sohn von N. ertrank. N. war der erste Asylsuchende, der wegen „Gefährdung des Lebens seines Kindes" in Griechenland angeklagt wurde; ihm drohten bis zu zehn Jahre Haft. Angeklagt ist auch ein weiterer Passagier, H. Ihm wird der „Transport von 24 Drittstaatsangehörigen in das griechische Hoheitsgebiet ohne Erlaubnis" (Schmuggel), mit den erschwerenden Umständen „Gefährdung des Lebens von 23 Personen" und „Verursachung des Todes von einem Menschen" (N.s Sohn) zur Last gelegt. Ihm drohte eine lebenslange Haftstrafe für den Tod einer Person plus weitere 10 Jahre Haft

---

77   S. Laura Schack, Humanitarian Smugglers? Zur EU-Schleusungs-Beihilfe-Richtlinie und der Kriminalisierung der Zivilgesellschaft, Blogbeitrag vom 03.08.2020, abzurufen unter: https://www.chaberlin.org/blog/humanitarian-smugglers-zur-eu-schleusungs-b eihilfe-richtlinie-und-der-kriminalisierung-der-zivilgesellschaft/ (zuletzt abgerufen am 02.02.2023).

für jede transportierte Person, also insgesamt 230 Jahre plus lebenslange Haft. Das griechische Gericht sprach, im Vergleich zu anderen Verfahren, ein verhältnismäßig mildes Urteil. N. wurde in allen Anklagepunkten (Beihilfe zum unerlaubten Betreten, fahrlässige Tötung des Kindes und unerlaubtes Betreten) für schuldig befunden und „nur" zu einem Jahr und fünf Monaten Gefängnis auf Bewährung verurteilt. In anderen Fällen haben griechische Gerichte wesentlich höhere Haftstrafen ausgesprochen. Der Sachverhalt beruht auf den Angaben auf h ttps://freethesamostwo.com/de/ueber/.

Ein weiterer Fall wird aktuell vor einem maltesischen Gericht verhandelt. In dem Fall der El Hiblu 3 sind drei Jugendliche angeklagt. Die aus Westafrika stammenden Jugendliche verließen im März 2019 auf einem Schlauchboot gemeinsam mit rund 100 weiteren Menschen Libyen. Die auf dem hochseeuntauglichen Schlauchboot befindlichen Asylsuchenden wurden von der Besatzung des Tankers El Hiblu 1 aus Seenot gerettet und an Bord genommen. Die Besatzung des Schiffes versuchte, die Geretteten zurück nach Libyen zu bringen. Die an Bord befindlichen → Migrant:innen protestierten gegen ihre menschenrechtswidrige Verbringung nach Libyen (→ Was beinhaltet der Grundsatz der Nichtzurückweisung?) woraufhin die Besatzung des Tankers Kurs in Richtung Malta nahm. Nach Angaben von Amnesty International übersetzten und vermittelten die drei Jugendlichen zwischen den Schutzsuchenden und der Besatzung, um die Situation an Bord zu beruhigen. Die maltesischen Behörden haben die drei Jugendlichen wegen einer Reihe schwerer Straftaten angeklagt, u. a. wegen „terroristischer Handlungen", wegen „Entführung des Schiffes" und wegen Nötigung (der Besatzung), nach Malta zu fahren. Einige dieser Vorwürfe können mit lebenslanger Haft bestraft werden. Ein Urteil ist (Stand: Juni 2023) noch nicht ergangen. Der Sachverhalt beruht auf Angaben von https://elhiblu3.info/legal und Amnesty International.

Audio- und Literaturtipp | Zur Kriminalisierung von Asylsuchenden siehe den Audiobeitrag des Deutschlandfunks: Ann-Kathrin Jeske, Vom Mittelmeer ins Gefängnis. Wie Geflüchtete zu Schleppern gemacht werden, abzurufen (Audio und Text) unter: https://www.deutschlandfunk.de/gefluechtete-schlepper-bootsfluechtlinge-italien-griechenland-100.html.

Zur Frage der Strafbarkeit von Widerstandshandlungen gegen die Schiffsbesatzung und ihrer Einordnung als Notstands- oder Notwehrmaßnahmen, siehe auch: Johanna Hahn/Valentin J. Schatz, Zurückweisungen von Migranten durch zivile Schiffe auf See. Eine strafrechtliche Perspektive, ZIS 12 (2020), S. 537–550, abzurufen unter: https://zis-onlin e.com/dat/artikel/2020_12_1403.pdf.

Der seevölkerrechtliche Rechtsrahmen von Seenotrettung

 Das Völkerrecht sieht eine Pflicht zur Seenotrettung vor. Dieses Kapitel erklärt, was die relevanten rechtlichen Vorschriften insbesondere für Kapitän:innen sowie Flaggen- und Küstenstaaten genau vorsehen. Dabei geht es auch um die völkerrechtlich definierten Meereszonen, die Such- und Rettungszonen und um den „sicheren Ort".

Welche (völker-)rechtlichen Regeln verpflichten zur Seenotrettung?

Die Pflicht zur Seenotrettung ist eine Rechtspflicht des Völkerrechts. Die völkerrechtliche Rechtspflicht hat Einklang in das nationale (deutsche) Recht gefunden. Auch das Europarecht sieht Regelungen zur Seenotrettung vor. Die Pflicht zur Seenotrettung richtet sich dabei an → Küsten- und Flaggenstaaten sowie an Kapitän:innen als Individuen.

Das Völkerrecht sieht die Pflicht zur Seenotrettung in verschiedenen völkerrechtlichen Verträgen vor. Es ist außerdem anerkannt, dass die Pflicht zur Seenotrettung auch ohne entsprechende Kodifizierung völkergewohnheitsrechtliche Geltung entfaltet.[78] Unter Völkergewohnheitsrecht versteht man diejenigen (oftmals ungeschriebenen) Regeln, die „Ausdruck einer allgemeinen, als Recht anerkannten Übung" sind (vgl. Art. 38 Abs. 1 lit. b des IGH-Statuts). Die kodifizierten völkerrechtlichen Regelungen, also diejenigen Regelungen, denen sich Staaten als Subjekte der Völkerrechtsordnung per völkerrechtlichem Vertrag unterworfen haben, entstammen vordergründig Art. 98 Abs. 1 des Seerechtsübereinkommen der Vereinten Nationen (SRÜ). Die Pflicht zur Seenotrettung ist aber auch in anderen seevölkerrechtlichen Verträgen kodifiziert, bspw. im Internationalen Übereinkommens von 1974 zum Schutz des menschlichen Lebens auf See (SOLAS-Übereinkommen) und in dem Internationalen Übereinkommen von 1979 über den Such- und Rettungsdienst auf See (SAR-Übereinkommen). Die Rechtspflicht, wie sie sich aus Art. 98 Abs. 1 des SRÜ ergibt, besteht darin, dass (Flaggen-)Staaten im Wege des ihnen zur Verfügung stehenden rechtlichen Instrumentariums Kapitän:innen, die unter ihrer Flagge fahren, verpflichten, in Fällen von → Seenot Hilfe zu leisten bzw. zu retten, soweit dadurch die Sicherheit des Schiffes oder der Personen an Bord nicht gefährdet wird. Diese Rechtspflicht richtet sich an den Flaggenstaat (sog. flaggenstaatliche Pflicht zur Seenotrettung, →→ Welche Regeln gelten für Flaggenstaaten?).

---

78   Zur völkergewohnheitsrechtlichen Geltung der Pflicht zur Seenotrettung s. Douglas Guilfoyle, Article 98, Randnummern 1–2, 9, in: Alexander Proelß u. a. (Hrsg.), United Nations Convention on the law of the sea. A commentary, München: C. H Beck/Hart/ Nomos 2017.

Die völkerrechtliche Pflicht zur Seenotrettung wird in diversen, teilweise unverbindlichen Leitlinien konkretisiert (sog. *soft law*). Für die Seenotrettung sind insbesondere die Richtlinien der Internationalen Schifffahrtsorganisation (Englisch: International Maritime Organization, IMO)[79] sowie das Handbuch International Aeronautical and Maritime Search and Rescue Manual (IAMSAR Manual) zu berücksichtigen, woraus sich konkrete Anleitungen für Such- und Rettungssituationen ergeben.

Auch das nationale Recht sieht eine Pflicht zur Seenotrettung vor. Dies ergibt sich bereits daraus, dass Flaggenstaaten sich völkerrechtlich verpflichtet haben, dass ihre Kapitän:innen in Fällen von Seenot Hilfe leisten. Diese auf Ebene des Völkerrechts bestehende Rechtspflicht muss auch tatsächliche Wirksamkeit entfalten. Insofern erfolgt die Umsetzung der völkerrechtlichen Pflicht zur Seenotrettung regelmäßig mit Mitteln des nationalstaatlichen Rechts. In Deutschland ist die Pflicht zur Seenotrettung in § 2 der Verordnung über die Sicherung der Seefahrt geregelt. Verstöße der Kapitän:innen stellen Ordnungswidrigkeiten dar und sind bußgeldbewährt (vgl. § 10 Abs. 1 Nr. 1). Außerdem stellt auch die Strafbarkeit einer unterlassenen Hilfeleistung (§ 323 c Strafgesetzbuch) eine Vorschrift dar, mit der die Verletzung der Pflicht zur Seenotrettung mit Mitteln des Strafrechts geahndet werden kann.

Darüber hinaus hat die Pflicht zur Seenotrettung auch Eingang in das Europarecht gefunden. Die Verordnung (EU) Nr. 656/2014 verweist an verschiedener Stelle auf die völkerrechtliche Pflicht zur Seenotrettung. Eine explizite Regelung findet sich in Art. 9 der Verordnung. Aufgrund des begrenzten Zuständigkeitsbereiches des europäischen Gesetzgebers findet das europäische Seenotrettungsrecht grundsätzlich nur im Rahmen von grenzschutzbezogenen Einsätzen unter der Ägide der Europäische Agentur für die Grenz- und Küstenwache (Frontex) Anwendung.

---

79 S. insbesondere: Guidelines On The Treatment Of Persons Rescued At Sea, IMO Resolution MSC.167 (78) vom 20.05.2004.

Wie ist der genaue Wortlaut der Vorschriften, die die Rechtspflicht zur Seenotrettung statuieren?

Die Rechtspflicht zur Seenotrettung wird primär im unten zitierten Artikel 98 SRÜ geregelt, der sich sowohl an Kapitän:innen als auch Küsten- und Flaggenstaaten wendet. Das SAR-Übereinkommen präzisiert diese Verpflichtung in Bezug auf die Schaffung von staatlichen Such- und Rettungsdiensten und gibt im Übrigen die in Art. 98 SRÜ formulierten Pflichten wieder. Regulierung 33 des SOLAS-Übereinkommens geht darüber hinaus speziell auf die Seenotsituation und die sodann anwendbaren Verpflichtungen und Abläufe ein, nach denen sich die Kapitän:innen zu richten haben. Die deutsche Verordnung über die Sicherung der Seefahrt wiederholt diese Verpflichtungen unter Bezugnahme auf das SAR-Übereinkommen.

Art. 98 SRÜ – Pflicht zur Hilfeleistung:
(1) Jeder Staat verpflichtet den Kapitän eines seine Flagge führenden Schiffes, soweit der Kapitän ohne ernste Gefährdung des Schiffes, der Besatzung oder der Fahrgäste dazu imstande ist,
a) jede Person, die auf See in Lebensgefahr angetroffen wird, Hilfe zu leisten;
b) so schnell wie möglich Personen in Seenot zu Hilfe zu eilen, wenn er von ihrem Hilfsbedürfnis Kenntnis erhält, soweit diese Handlung vernünftigerweise von ihm erwartet werden kann;
c) nach einem Zusammenstoß dem anderen Schiff, dessen Besatzung und dessen Fahrgästen Hilfe zu leisten und diesem Schiff nach Möglichkeit den Namen seines eigenen Schiffes, den Registerhafen und den nächsten Anlaufhafen mitzuteilen.
(2) Alle Küstenstaaten fördern die Errichtung, den Einsatz und die Unterhaltung eines angemessenen und wirksamen Such- und Rettungsdienstes, um die Sicherheit auf und über der See zu gewährleisten; sie arbeiten erforderlichenfalls zu diesem Zweck mit den Nachbarstaaten mittels regionaler Übereinkünfte zusammen.

Internationales Übereinkommen von 1979 über den Such- und Rettungsdienst (SAR-Übereinkommen), Annex, Nr. 2.1.1:

Parties shall, as they are able to do so individually or in co-operation with other States and, as appropriate, with the Organization, participate in the development of search and rescue services to ensure that assistance is rendered to any person in distress at sea. On receiving information that any person is, or appears to be, in distress at sea, the responsible authorities of a Party shall take urgent steps to ensure that the necessary assistance is provided. [...].

Internationales Übereinkommen von 1974 zum Schutz des menschlichen Lebens auf See (SOLAS-Übereinkommen), Kapitel V:

Regulation 33 - Distress situations: Obligations and procedures

1 The master of a ship at sea which is in a position to be able to provide assistance on receiving information from any source that persons are in distress at sea, is bound to proceed with all speed to their assistance, if possible informing them or the search and rescue service that the ship is doing so. This obligation to provide assistance applies regardless of the nationality or status of such persons or the circumstances in which they are found. If the ship receiving the distress alert is unable or, in the special circumstances of the case, considers it unreasonable or unnecessary to proceed to their assistance, the master must enter in the log-book the reason for failing to proceed to the assistance of the persons in distress, taking into account the recommendation of the Organization, to inform the appropriate search and rescue service accordingly.

Verordnung über die Sicherung der Seefahrt (SeeFSichV):

(1) Der Schiffsführer oder sonst für die Sicherheit Verantwortliche eines auf See befindlichen und zur Hilfeleistung fähigen Schiffes, dem gemeldet wird, dass sich Menschen in Seenot befinden, hat ihnen mit größter Geschwindigkeit zu Hilfe zu eilen und ihnen oder dem betreffenden Such- und Rettungsdienst nach Möglichkeit hiervon Kenntnis zu geben. Den Anordnungen der Stellen, die sich gegenüber dem Schiffsführer oder sonst für die Sicherheit Verantwortlichen als die

mit der Koordinierung der Suche und Rettung in Seenotfällen nach Kapitel II der Anlage zum Internationalen Übereinkommen über den Such- und Rettungsdienst auf See vom 06.11.1979 (BGBl. 1982 II S. 485) beauftragten Organisationen zu erkennen geben, ist Folge zu leisten.

[...]

(5) Der Schiffsführer oder sonst für die Sicherheit Verantwortliche eines Schiffes ist erst von der Verpflichtung nach Absatz 1 sowie, wenn sein Schiff angefordert worden ist, von der Verpflichtung nach Absatz 3 entbunden, wenn ihm von den in Seenot befindlichen Personen, vom Such- und Rettungsdienst oder vom Schiffsführer eines anderen Schiffes, das diese Personen erreicht hat, mitgeteilt wird, dass eine Hilfeleistung nicht mehr erforderlich ist.

Welche Rechte und Pflichten haben Kapitän:innen?

Kraft der sog. Bordgewalt gelten Kapitän:innen in rechtlicher Hinsicht als ranghöchste Personen an Bord. Mit dieser Rechtsstellung gehen spezifische Rechte und Pflichten einher. Kapitän:innen tragen die Verantwortung für die Sicherheit des Schiffes sowie aller Personen an Bord. Auch die Pflicht zur Hilfeleistung in Fällen von → Seenot richtet sich an Kapitän:innen. Diese Rechtspflicht gründet sowohl auf völkerrechtlichen als auch auf nationalstaatlichen Regelungen. Anders als Art. 98 Abs. 1 SRÜ verpflichtet das SOLAS-Übereinkommen nach seinem Wortlaut in Regel V/33 Kapitän:innen unmittelbar zur Hilfeleistung (→ Wie ist der genaue Wortlaut der Vorschriften, die die Rechtspflicht zur Seenotrettung statuieren?). Im Zusammenhang mit der Regelung im SOLAS-Übereinkommen wird in der Völkerrechtswissenschaft diskutiert, ob die SOLAS-Regel lediglich Staaten verpflichtet (ähnlich wie die Regelung des Art. 98 Abs. 1 SRÜ), oder ob sie eine individuelle völkerrechtliche Rechtspflicht der Kapitän:innen darstellt.[80] Hintergrund dieser Diskussion ist, dass das Völkerrecht primär Regelungen für sog. → Völkerrechtssubjekte (grundsätzlich Staaten, aber auch internationale Organisationen) aufstellt und nicht für Individuen. Allerdings wird seit einigen Jahren vermehrt diskutiert, in welchem Um-

---

80   Zur Diskussion s. Martin Ratcovich, International Law and the Rescue of Refugees at Sea, Stockholm: Department of Law, Stockholm University 2019, S. 88–89.

fang auch Individuen Träger völkerrechtlicher Rechte und Pflichten sein können. Im Bereich des Menschenrechtsschutzes ist unstreitig anerkannt, dass Menschen Träger individueller Menschenrechte sind, die unmittelbar der Völkerrechtsordnung entstammen, z. B. in Form von Kodifizierungen im Rahmen von zwischen Staaten geschlossenen Menschenrechtsabkommen. Jenseits des völkerrechtlichen Menschenrechtsregimes wird die Existenz individueller Rechte und Pflichten auch für andere Teilbereiche der Völkerrechtsordnung diskutiert, bspw. im Bereich des Investitionsschutzrechts oder etwa im Zusammenhang mit völkerrechtlichen Regeln des diplomatischen Schutzes. Die wissenschaftliche Diskussion kreist dabei nicht nur um die konkrete völkerrechtliche Regel und die Frage, ob diese unmittelbar wirkende Rechte oder Pflichten begründet, sondern auch um die Frage des Verhältnisses von nationaler Rechtsordnung und Völkerrechtsordnung sowie der konzeptuellen Frage, ob innerhalb des Völkerrechts Rechte des Einzelnen nur durch das Medium des Staates begründet und geltend gemacht werden können (sog. Mediatisierung des Individuums).[81] Die Frage nach der Mediatisierung ist insbesondere akademischer Natur, da die Pflicht von Kapitän:innen zur Seenotrettung nicht nur völkerrechtlich verankert ist, sondern jedenfalls auch über eine nationalstaatliche Kodifizierung verfügt. Nach § 2 Abs. 1 der Verordnung über die Sicherung der Seefahrt (SeeFSichV) sind Kapitän:innen auf Schiffen unter deutscher Flagge verpflichtet, Hilfe zu leisten, sofern ihnen dies möglich ist. Ein Verstoß gegen diese Pflicht zur Hilfeleistung stellt eine Ordnungswidrigkeit dar und ist bußgeldbewährt (vgl. § 10 Absatz 1 Nr. 1 SeeFSichV). Außerdem kann die Verletzung der Pflicht zur Seenotrettung auch eine Straftat darstellen, in Betracht kommt eine unterlassene Hilfeleistung nach § 323 c Strafgesetzbuch.

Welche Regeln gelten für Flaggenstaaten?

Art. 98 Abs. 1 SRÜ weist den → Flaggenstaat an, Vorkehrungen zu treffen, damit Kapitän:innen, die unter seiner Flagge fahren, in Fällen von Seenot Hilfe leisten bzw. retten. Käme ein Flaggenstaat dieser „Pflicht zur Verpflichtung" nicht nach, würde er sich völkerrechtswidrig verhalten. Wie bereits oben erläutert (→ Welche (völker-)rechtlichen Regeln verpflichten

---

81   S. zu dieser Thematik u. a. Anne Peters, Beyond Human Rights. The legal Status of the Individual in International Law, Cambridge: Cambridge University Press 2016, S. 54 ff.

zur Seenotrettung?) folgt aus Art. 98 Abs. 1 SRÜ daher nicht, dass der Flaggenstaat selbst Hilfe leisten muss. Verletzen Kapitän:innen auf Schiffen unter deutscher Flagge die Pflicht zur Seenotrettung, indem sie z. B. vorsätzlich keine Hilfe leisten, obwohl sie dazu in der Lage wären, so kann diese Rechtsverletzung primär nach dem Recht des Flagenstaates geahndet werden (→ Welche Rechte und Pflichten haben Kapitän:innen?).

Dieser „Umweg" über den Flaggenstaat, den das SRÜ wählt (anstatt einer direkten Adressierung von Kapitän:innen), ist vor dem Hintergrund zu sehen, dass, wie bereits oben (→ Welche (völker-)rechtlichen Regeln verpflichten zur Seenotrettung?) dargestellt, das Völkerrecht primär Rechte und Pflichten zwischen → Völkerrechtssubjekten statuiert. Das Seevölkerrecht kann – als seit der Epoche der Kolonialisierung gewachsenes Rechtsgebiet – als besonders staatszentriert bezeichnet werden, wobei neuere Ansätze auch die Rolle des Individuums und nichtstaatlicher Akteure im Bereich des Seevölkerrechts in den Fokus nehmen.[82]

Auf Grundlage des Prinzips der ausschließlichen Hoheitsgewalt des Flaggenstaates über Schiffe unter seiner Flagge folgt, dass Schiffe auf → Hoher See (mit einigen wenigen Ausnahmen) der ausschließlichen Hoheitsgewalt ihres Flaggenstaates unterstehen, vgl. Art. 92 Abs. 1 SRÜ. Der Flaggenstaat ist nach Maßgabe des Art. 94 SRÜ verpflichtet, seine Hoheitsgewalt wirksam auszuüben. Dies umfasst insbesondere auch sicherzustellen, dass Kapitän:innen verpflichtet sind, die völkerrechtlichen Vorschriften zum Schutz des menschlichen Lebens auf See (vgl. Art. 94 Abs. 4 lit. c SRÜ) und folglich auch die Pflicht zur Seenotrettung zu beachten.

---

82 S. umfassend z. B. Armando Rocha, Private actors as participants in international law. A critical analysis of membership under the Law of the Sea, Oxford: Hart 2021 und für den Bereich des Fischereirechts s. Valentin Schatz, Marine Fisheries Law Enforcement Partnerships in Waters under National Jurisdiction. The Legal Framework for Inter-State Cooperation and Public–Private Partnerships with Non-governmental Organizations and Private Security Companies, Ocean Yearbook 32 (2018), S. 329.

Welchen Rechtspflichten unterliegen Küstenstaaten?

Für Küstenstaaten sieht das Seevölkerrecht spezifische Regeln im Zusammenhang mit Seenotrettung vor, sog. → küstenstaatliche Pflicht zur Seenotrettung. Art. 98 Abs. 2 SRÜ schreibt vor, dass Küstenstaaten die Errichtung, den Einsatz und die Unterhaltung eines angemessenen und wirksamen Such- und Rettungsdienstes fördern, um die Sicherheit auf und über der See zu gewährleisten (Wortlaut der Norm → Wie ist der genaue Wortlaut der Vorschriften, die die Rechtspflicht zur Seenotrettung statuieren?). Dazu sollen Küstenstaaten mit den Nachbarstaaten mittels regionaler Übereinkünfte zusammenarbeiten. Insoweit sieht die Regelung zweierlei vor:

1. Küstenstaaten müssen zum einen eine funktionierende Seenotrettungsinfrastruktur bereitstellen und auch einsetzen;
2. zum anderen sollen sie, sofern erforderlich, zu diesem Zwecke mit Nachbarstaaten kooperieren.

Diese sich aus Art. 98 Abs. 2 des SRÜ ergebenden Pflichten werden durch einen weiteren völkerrechtlichen Vertrag, dem Internationalen Übereinkommen von 1979 zur Seenotrettung (SAR-Übereinkommen), konkretisiert. Das SAR-Übereinkommen enthält sehr spezifische und detaillierte Regelungen für Küstenstaaten. Es statuiert u. a. Kooperations- und Koordinierungspflichten für Küstenstaaten (siehe Kapitel 3 des Vertrages) und sieht dabei vor, dass Staaten zum Zwecke eines effektiven und adäquaten Such- und Rettungsdienstes kooperieren sollen. Es bestimmt außerdem, dass Staaten sog. → Search and Rescue Regions (SRR) einrichten, in denen sie für die Koordinierung von Seenotrettungsfällen zuständig sind. Neben vielen anderen technischen Regelungen sieht das SAR-Übereinkommen auch vor, dass aus Seenot gerettete Menschen an einen → sicheren Ort verbracht werden müssen (vgl. Kapitel 3, Nr. 3.1.9). Eine wortgleiche Regelung findet sich auch im SOLAS-Übereinkommen unter Annex, Kapitel V/33, Nr. 1.1. Zu den Hintergründen dieser Regelung, die 2004 im Wege von Vertragsergänzungen eingeführt wurden, siehe die Literaturtipps zu → Wer rettet aus Seenot?.

Was ist eine Search and Rescue Region?

Eine → Search and Rescue Region (SRR) ist ein geografisches Gebiet, welches als Such- und Rettungszone eines bestimmten Küstenstaates definiert ist. In der Regel umfasst die Such- und Rettungszone nicht nur die zum Staatsgebiet gehörenden Bereiche eines Küstenstaates (innere Gewässer und → Küstenmeer), sondern auch Bereiche der → Hohen See (→ Welche maritimen Zonen gibt es und wo gilt die Pflicht zur Seenotrettung?). Das SAR-Übereinkommen bestimmt, dass Staaten sich bei der Errichtung von SRR abstimmen. Küstenstaaten sind kraft der Bestimmungen des SAR-Übereinkommens verpflichtet, Seenotrettungsfälle innerhalb ihrer SRR zu koordinieren, d. h., dafür Sorge zu tragen, dass den Menschen oder dem Schiff, welches sich in ihrer SRR in Seenot befindet, schnellstmöglich Hilfe geleistet wird.

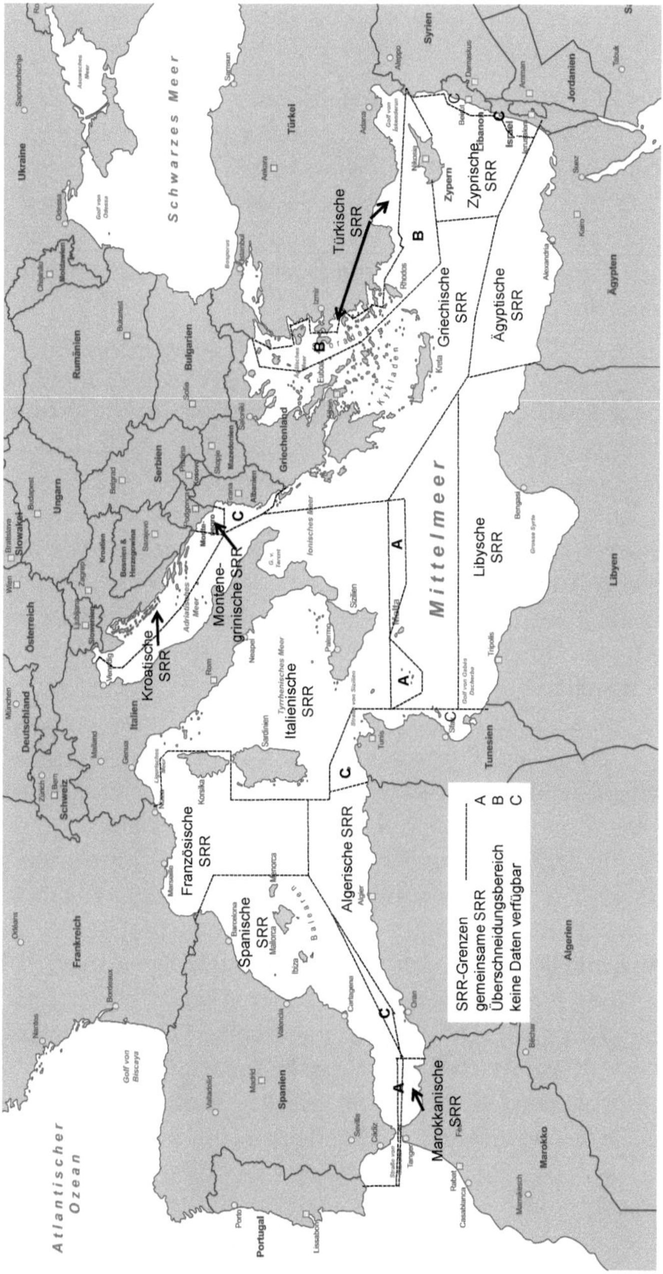

Abb. 3 | Such- und Rettungszonen im Mittelmeer. Keine koordinatengetreue Darstellung; Koordinaten abrufbar unter https://gisis.imo.org/

Was regelt das SAR-Übereinkommen im Detail?

Im Vergleich zu Art. 98 Abs. 2 SRÜ kann das SAR-Übereinkommen von 1979 als der spezifischere internationale Vertrag angesehen werden, der eine Reihe von Rechtspflichten für Küstenstaaten im Zusammenhang mit Seenotrettung aufstellt. Das Übereinkommen trat in Deutschland 1985 in Kraft. Es wurde zuletzt nach dem sog. Tampa-Fall ergänzt. Derzeit ist das Übereinkommen in Deutschland in seiner Fassung vom 1. Juli 2006 in Kraft.

Das SAR-Übereinkommen normiert für diejenigen Staaten, die Vertragspartei des Übereinkommens sind, Vorgaben über die Ausgestaltung ihres maritimen Such- und Rettungsdienstes. Die Präambel des Übereinkommens fasst seine wichtigsten Ziele und Instrumente zusammen. Darin verweisen die Vertragsparteien auf die Bedeutung der Hilfeleistung für Personen in → Seenot sowie auf die Bedeutung angemessener und wirksamer Vorkehrungen. Die wesentlichen Bestimmungen des Übereinkommens finden sich in den Kapiteln des Anhangs. In Kapitel 1 werden Begriffe und Definitionen aufgeführt, so auch Definitionen für die drei verschiedenen Phasen eines Notfalls, aber auch für andere Begriffe (z. B. „Suche", „Rettung", „Suche und Rettung" usw.), die im gesamten Übereinkommen verwendet werden. Kapitel 2 befasst sich mit der Organisation und Koordinierung von Such- und Rettungsmaßnahmen. Kapitel 3 befasst sich mit der Zusammenarbeit zwischen Staaten und Kapitel 4 mit den Einsatzabläufen/Betriebsverfahren. In Kapitel 5 werden Vorschriften für Schiffsmeldesysteme festgelegt. Das SAR-Übereinkommen sieht vor, dass Vertragsstaaten → Such- und Rettungsregionen (SRR) einrichten (Kapitel 2, Ziff. 2.1.3). Im Wesentlichen sieht das SAR-Übereinkommen also verbindliche Vorschriften für einen möglichst effektiven und schnellen Such- und Rettungsdienst vor. Die zwei Grundgedanken des Übereinkommens sind, dass Küstenstaaten erstens in Fällen von Seenot dafür sorgen, dass schnell und effektiv Hilfe geleistet wird, und zweitens, dass Küstenstaaten zu diesem Zweck miteinander kooperieren.

Welche Staaten müssen sich in Fällen von Seenot um die Koordinierung der Hilfe kümmern?

Das zentrale Mittelmeer z. B. ist in verschiedene SRR aufgeteilt. Seenotrettungsfälle im Kontext maritimer Migration über das zentrale Mittelmeer treten bisweilen sowohl in der libyschen, in der maltesischen als auch in der italienischen → SRR auf.

Grundsätzlich gilt, dass jeder Küstenstaat sich um Seenotrettungsfälle kümmern muss, die in seiner SRR auftreten. Dieser Küstenstaat muss dafür Sorge tragen, dass Überlebende an einen sog. → sicheren Ort gebracht werden. Dies ergibt sich aus Regel. 3.1.9 des SAR-Übereinkommens und der wortgleichen Regelung im SOLAS-Übereinkommen:

„Die Vertragsparteien sorgen für Koordinierung und Zusammenarbeit, um zu gewährleisten, dass Kapitäne von Schiffen, die Hilfe leisten, indem sie in Seenot geratener Personen an Bord nehmen, von ihren Verpflichtungen entbunden werden und möglichst wenig von der vorgesehenen Reise abweichen, sofern die Befreiung des Kapitäns des betreffenden Schiffes von diesen Verpflichtungen den Schutz des menschlichen Lebens auf See nicht zusätzlich gefährdet. Die Vertragspartei, die für den Such- und Rettungsbereich zuständig ist, in dem die Hilfe geleistet wird, trägt die Hauptverantwortung dafür, dass eine solche Koordinierung und Zusammenarbeit stattfindet, damit Überlebende, denen Hilfe geleistet wurde, von Bord des Hilfe leistenden Schiffes gehen können und an einen *sicheren Ort* gebracht werden, wobei die besonderen Umstände des Einzelfalls und die von der Organisation erarbeiteten Richtlinien zu berücksichtigen sind. In diesen Fällen sorgen die betreffenden Vertragsparteien dafür, dass die Ausschiffung so bald erfolgt, wie dies mit angemessenem Aufwand durchführbar ist."

Dass ein Küstenstaat die Hauptverantwortung für die Koordinierung und Zusammenarbeit übernehmen muss, heißt konkret, dass bspw. Italien bei Seenotrettungsfällen innerhalb der italienischen SRR die Rettung der Menschen koordinieren muss, sobald Italien Kenntnis von einem potenziellen Seenotrettungsfall erhält. Gleichwohl heißt dies nicht, dass in einem solchen Fall ausschließlich Italien für die Koordinierung der Rettung zuständig wäre. Nach dem Verständnis des SAR-Übereinkommens trägt derjenige Küstenstaat, in dessen SRR der Seenotfall auftritt, zwar die Hauptverantwortung für die Koordinierung der Hilfe und die Zusammenarbeit mit anderen Küstenstaaten. Das heißt aber gleichzeitig, dass daneben auch andere Küstenstaaten, zumindest nachrangig, für die Koordinierung der Hilfe zuständig bleiben. Außerdem sind Fälle denkbar, in denen nicht ganz klar ist, in wessen SRR sich Menschen in → Seenot befinden. Auch kann es aufgrund der Pflicht, effektiv und schnell Hilfe zu koordinieren, angebracht sein, dass nicht derjenige Küstenstaat die Koordinierung übernimmt, in dessen SRR sich der Seenotfall befindet, sondern derjenige Küstenstaat, der als erstes vom Seenotrettungsfall informiert wird und erste Maßnahmen ergreift. In einem solchen Fall sieht das IAMSAR Manual vor, dass die zuerst informierte Rettungsleitstelle (RCC) oder die Rettungsunterleitstelle die zuständige Leitstelle benachrichtigt und solange alle erforderlichen Maßnahmen zur Koordinierung ergreift, bis die zuständige Leitstelle die Verantwortung übernimmt (vgl. IAMSAR Manual, Vol. II, 2016, unter 3.6.1). Die parallel bestehende Verantwortung anderer Küstenstaaten kann unter bestimmten Umständen nicht nur auf Grundlage seevölkerrechtlicher Regeln, sondern auch infolge menschenrechtlicher Verpflichtungen der Küstenstaaten erfolgen (→ Kapitel „Seenotrettung aus menschenrechtlicher und migrationsrechtlicher Perspektive").

Welche maritimen Zonen gibt es und wo gilt die Pflicht zur Seenotrettung?

Meere werden auf Grundlage des Seevölkerrechts, insbesondere des SRÜ, in unterschiedliche maritime Zonen eingeteilt. Je nach maritimer Zone gelten andere seevölkerrechtliche Regeln. Maritime Zonen sind nicht mit → SRR zu verwechseln (→ Was ist eine Search and Rescue Region?). In der SRR übt der Küstenstaat keine Souveränitätsrechte aus, diese Zonen dienen ausschließlich der Koordinierung von Such- und Rettungsoperationen. Im Folgenden werden die jeweiligen maritimen Zonen und die damit einhergehenden Souveränitätsrechte von (Küsten-)Staaten kurz vorgestellt. Wie abschließend erläutert wird, gilt die → Pflicht zur Seenotrettung in allen maritimen Zonen.

Die Darstellung der maritimen Zonen beschränkt sich auf innere Gewässer, das → Küstenmeer, die Anschlusszone, die ausschließliche Wirtschaftszone und die → Hohe See. Daneben gibt es außerdem spezielle Rechtsregime für den Festlandsockel und den Tiefseeboden.

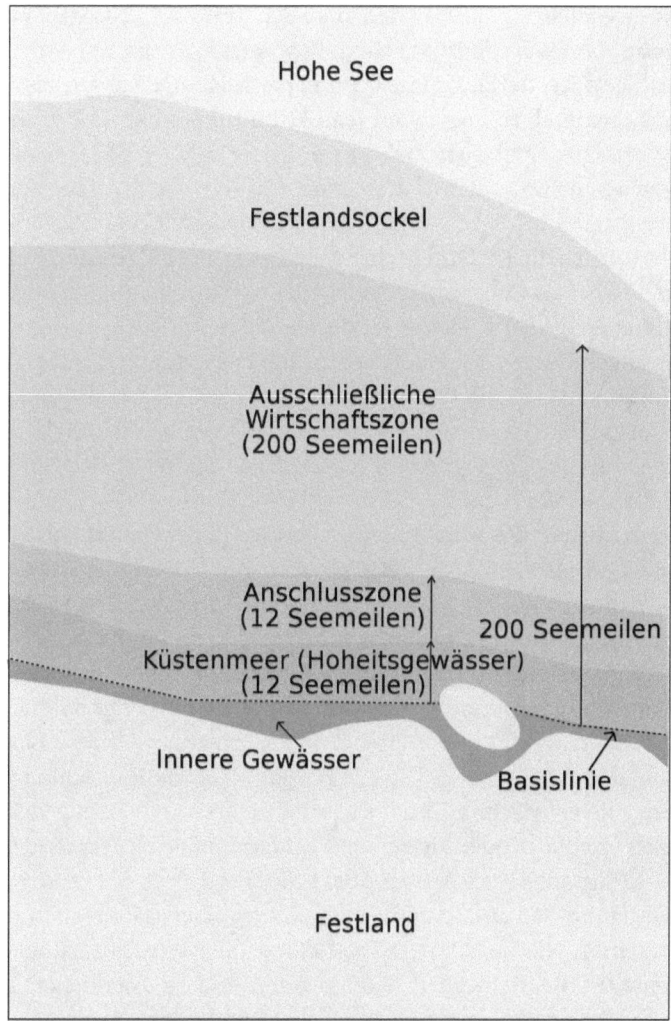

Abb. 4 | Seerechtliche Zonen nach dem Seerechtsübereinkommen

Die Einteilung der Meeresräume geht vom Staatsgebiet der Küstenstaaten aus. Geografischer Ausgangspunkt ist dabei die sog. Niedrigwasserlinie bzw. Basislinie (vgl. Art. 5 SRÜ). Innere Gewässer (z. B. Meeresbuchten oder Flussmündungen) liegen gem. Art. 8 SRÜ landwärts der Basislinie. Diese Gewässer gelten als Staatsgebiet. Der Küstenstaat hat daher volle Souveränität über dieses Gebiet (siehe aber auch Art. 8 Abs. 2 SRÜ als

Ausnahme). Gleiches gilt für Häfen, die nach Maßgabe des Art. 11 ebenfalls (regelmäßig) landwärts der Basislinie liegen (mit Ausnahme von Tiefwasserhäfen). Seewärts der Basislinie beginnt das Küstengewässer, das sich gem. Art. 3 auf maximal 12 Seemeilen (ca. 22 km) erstreckt. Die Souveränität des Küstenstaates erstreckt sich gem. Art. 2 Abs. 1 SRÜ auch auf die Küstengewässer. Sie gelten daher auch als Teil des Staatsgebietes. Eine der wichtigsten Einschränkungen der küstenstaatlichen Souveränität ist das Recht auf friedliche Durchfahrt für Schiffe unter fremder Flagge (vgl. Art. 17 ff. SRÜ). Das Recht auf friedliche Durchfahrt beinhaltet, dass Schiffe anderer Staaten das → Küstenmeer durchqueren dürfen, ohne vom Küstenstaat daran gehindert zu werden, sofern die Durchfahrt „friedlich" ist (vgl. zur Definition Art. 19 SRÜ). Dabei sind aber die Gesetze und Vorschriften des Küstenstaates, wie es sich aus Art. 21 SRÜ ergibt, einzuhalten. An das Küstenmeer grenzt die sog. Anschlusszone. Sie erstreckt sich auf maximal 24 Seemeilen seewärts der Basislinie (vgl. Art. 33 Abs. 2 SRÜ). In den Fällen, in denen die Breite des Küstenmeeres bereits 12 Seemeilen beträgt, ist die Anschlusszone also maximal 12 Seemeilen breit. Die Anschlusszone gilt nicht als Staatsgebiet. Der Küstenstaat darf jedoch nach Art. 33 Abs. 1 SRÜ die erforderliche Kontrolle ausüben, um Verstöße gegen seine Zoll-, Finanz-, Einreise- und Gesundheitsvorschriften auf seinem Hoheitsgebiet zu verhindern oder zu ahnden. Eine weitere maritime Zone ist die ausschließliche Wirtschaftszone (AWZ). Sie erstreckt sich – gemessen ab der Basislinie – auf maximal 200 Seemeilen. Die AWZ dient, wie die Bezeichnung bereits impliziert, der Erforschung und wirtschaftlichen Verwertung des Meeres (z. B. durch Fischfang oder Energieerzeugung) und des Meeresbodens sowie seines Untergrundes (vgl. Art. 56 Abs. 1 SRÜ).

Die → Hohe See umfasst diejenigen Bereiche des Meeres, die nicht zu den inneren Gewässern, dem Küstenmeer, der Anschlusszone oder der AWZ gehören. Sie steht allen Staaten offen und ist friedlichen Zwecken vorbehalten (vgl. Art. 87 und 88 SRÜ). Kein Staat darf den Anspruch erheben, irgendeinen Teil der Hohen See seiner Souveränität zu unterstellen (vgl. Art. 89 SRÜ). Vielmehr gelten dort die sog. Freiheiten der Hohen See, insbesondere die Freiheit der Schifffahrt (vgl. Art. 87 Abs. 1 lit. a SRÜ).

Die Pflicht zur Seenotrettung gilt in allen maritimen Zonen gleichermaßen. Zwar fällt die Vorschrift des Art. 98 SRÜ in den Anwendungsbereich des Rechtsregimes der Hohen See (Teil VII des SRÜ). Nach Maßgabe des Art. 58 Absatz 2 SRÜ findet Art. 98 SRÜ allerdings auch innerhalb der AWZ

Anwendung. Die Pflicht zur Seenotrettung im Bereich des Küstenmeeres beruht auf Art. 18 Abs. 2 SRÜ sowie auf Gewohnheitsrecht.[83]

Dürfen ausländische Schiffe zum alleinigen Zwecke der Seenotrettung in das Küstenmeer eines anderen Staates einlaufen?

Grundsätzlich gilt im → Küstenmeer nur das Recht auf „friedliche Durchfahrt" (*friendly passage*). Dies wirft die Frage auf, ob das Recht auf friedliche Durchfahrt auch die Ein- und Ausfahrt in das Küstenmeer zum alleinigen Zwecke der Seenotrettung umfasst.[84] Die Friedlichkeit einer Durchfahrt wird nach Art. 19 SRÜ grundsätzlich vermutet und diese Vermutung wird nur durch einen der in Art. 19 Abs. 2 lit. a–l SRÜ normierten Ausnahmetatbestände widerlegt. Aufgezählt werden hier unter anderem Militärmanöver, Propagandahandlungen, Fischereitätigkeiten, Forschungs- und Vermessungsarbeiten sowie „eine andere Tätigkeit, die nicht unmittelbar mit der Durchfahrt zusammenhängt". Insofern lässt sich diskutieren, ob die Einfahrt in das Küstenmeer lediglich zum Zwecke der Seenotrettung eine Tätigkeit darstellt, die nicht unmittelbar mit der Durchfahrt zusammenhängt und in der Konsequenz „unfriedlich" und unzulässig wäre. Allerdings ist zu berücksichtigen, dass, wenn in einem konkreten Seenotrettungsfall ein Schiff zur Rettung von in Seenot geratenen Personen in das Küstenmeer eines fremden Staates einfahren muss, die Pflicht zur Seenotrettung aus Art. 98 SRÜ das Territorialitätsprinzip verdrängt. Die Pflicht zur Seenotrettung gilt in allen Meereszonen. Auch Art. 18 Abs. 2 SRÜ bestimmt in diesem Sinne, dass die friedliche Durchfahrt im Seenotfall unterbrochen werden

---

83   Douglas Guilfoyle, Article 98, Randnummer 3, in: Alexander Proelß u. a. (Hrsg.), United Nations Convention on the law of the sea. A commentary, München: C. H. Beck/Hart/Nomos 2017.

84   https://www.bundestag.de/resource/blob/525660/e43d2ccfb3b60ecb334f9276ae0f6f6c/wd-2-075-17-pdf-data.pdf (zuletzt abgerufen am 02.02.2023) unter Verweis auf Aaron Honniball/Valentin Schatz, The C-Star's Odyssey and the International Law of the Sea, Völkerrechtsblog vom 21.08.2017, http://voelkerrechtsblog.org/the-c-stars-odyssey-and-the-international-law-of-the-sea/: „The question under which circumstances unwanted SAR operations would be non-innocent certainly warrants further analysis [...]".

darf. Diese Rechtsauffassung lässt sich auch systematisch begründen: Würde der Fall der Einfahrt in das Küstenmeer zum alleinigen Zwecke der Seenotrettung nicht unter den Begriff der friedlichen Durchfahrt fallen, so würde die Pflicht zur Seenotrettung im Küstenmeer für diese Konstellation ausgehöhlt werden.

Die SAR-Konvention legt den Vertragsparteien in einem solchen Fall nahe, dass der Küstenstaat die spontane Einfahrt in das Küstenmeer zum Zwecke der Seenotrettung genehmigen solle. Hierzu soll ein entsprechendes Gesuch an die nationale Küstenwache übermittelt werden, in dem die genauen Umstände und die Notwendigkeit der Einfahrt in das jeweilige Küstenmeer offengelegt werden soll:

> „A Party should authorize [...] immediate entry into or over its territorial sea [...] solely for the purpose of searching for the position of maritime casualties and rescuing the survivors of such casualties" (Annex, Ziff. 3.1.2).
>
> „The authorities of a Party which wishes its rescue units to enter into the territorial sea solely for the purpose of [...] rescuing the survivors of such casualties, shall transmit a request, giving full details of the projected mission and the need for it, to the rescue co-ordination center of that other Party" (Annex, Ziff. 3.1.3).

In der Praxis vermeiden Seenotrettungs-NGOs die Einfahrt in libysche Territorialgewässer zum Zwecke der Seenotrettung, da es in der Vergangenheit – selbst innerhalb des Gebiets der → Hohen See – u. a. zu Schusswaffengebrauch vonseiten der libyschen Küstenwache gekommen ist.

Was ist ein „sicherer Ort"?

Das SAR- und das SOLAS-Übereinkommen sehen vor, dass aus Seenot gerettete Menschen an einen sog. → sicheren Ort *(place of safety)* verbracht werden müssen (Kapitel V/Regel 33 Nr. 1.1 SOLAS und Ziff. 3.1.9 SAR-Übereinkommen). Diese Bestimmung wurde erst nachträglich im Jahr 2004 in die beiden Verträge aufgenommen, nachdem es zu einem Vorfall, der sog. Tampa-Affäre, vor der australischen Küste gekommen war. Im Jahr 2001 rettete die Besatzung des norwegischen Containerschiffs

MV Tampa auf Anweisung der australischen Seenotrettungsleitstelle rund 430 Asylsuchende aus Seenot, Australien verweigerte aber die Einfahrt in den nächstgelegenen Hafen der australischen Weihnachtsinsel und der Kapitän erklärte schließlich angesichts der humanitären Situation an Bord, dass sich sein Schiff in Seenot befinde. Damit sich eine solche humanitäre Katastrophe nicht wiederholt, vereinbarten die Vertragsparteien, das SAR- und SOLAS-Übereinkommen u. a. um die Regelung zu ergänzen, dass aus Seenot gerettete Menschen an einen sog. sicheren Ort verbracht werden sollen:

> „Die Vertragsregierungen stellen in gegenseitiger Abstimmung und Zusammenarbeit sicher, dass die Kapitäne der Schiffe, die durch die Anbordnahme von Personen in Seenot Hilfe leisten, bei kleinstmöglicher weiterer Abweichung von der beabsichtigten Reise des Schiffes von ihren Pflichten entbunden werden, vorausgesetzt, dass die Befreiung des Kapitäns von den im Rahmen dieser Regel vorgesehenen Pflichten den Schutz des menschlichen Lebens auf See nicht weiter gefährdet. Die Vertragsregierung, die für den Such- und Rettungsdienst in der Region zuständig ist, in der eine solche Hilfeleistung erbracht wird, ist in erster Linie dafür verantwortlich, dass eine solche Abstimmung und Zusammenarbeit gewährleistet wird, so dass das Ausschiffen der Überlebenden, denen Hilfe geleistet wurde, von dem Hilfe leistenden Schiff und ihre Verbringung an einen sicheren Ort unter Berücksichtigung der besonderen Umstände jedes Einzelfalls und der von der Organisation erarbeiteten Richtlinien erfolgen kann. In diesen Fällen tragen die betreffenden Vertragsregierungen dafür Sorge, dass das Ausschiffen so bald erfolgt, als es zumutbar und durchführbar erscheint."

Ein → sicherer Ort (Englisch: *place of safety)* ist ein abstrakter Rechtsbegriff und ist als solcher auslegungsbedürftig (→ Welche grundsätzlichen Auslegungsmethoden kennt das Völkerrecht?). Die Vorschrift verweist dabei auf „von der Organisation erarbeitete Richtlinien" und meint damit die Richtlinien für die Behandlung von auf See geretteten Personen des Schiffssicherheitsausschusses der IMO von 2004. Danach ist ein sicherer Ort (im Sinne der Anlage des SAR-Übereinkommens von 1979, Absatz 1.3.2):

> „[e]in Ort, an dem die Rettungsmaßnahmen als beendet angesehen werden. Es ist auch ein Ort, an dem das Leben der Überlebenden nicht mehr weiter in Gefahr ist und an dem ihre menschlichen Grundbedürfnisse (wie z. B. Nahrung, Unterkunft und medizinische Bedürfnisse) gedeckt werden können. Es ist weiter ein Ort, von dem aus Vorkehrungen für den Transport der Überlebenden zu

ihrem nächsten oder endgültigen Bestimmungsort getroffen werden können."[85]
„Ein Hilfe leistendes Schiff sollte nicht aufgrund der alleinigen Tatsache, dass die
Überlebenden an Bord des Schiffes nicht mehr länger in unmittelbarer Gefahr
schweben, als ein sicherer Ort angesehen werden."[86]

Eine ähnliche, aber nicht identische Definition des Begriffs findet sich
im europäischen Sekundärrecht. In der EU-Seeaußengrenzen-VO (→ Wie
definiert das Europarecht den Begriff der Seenot?) definiert der europäische
Gesetzgeber einen → sicheren Ort als:

> „einen Ort, an dem Rettungseinsätze als beendet angesehen werden und an
> dem die Sicherheit des Lebens der Geretteten nicht bedroht ist, an dem ihre
> menschlichen Grundbedürfnisse erfüllt und von dem aus Vorkehrungen für die
> Beförderung der Geretteten an den nächsten oder den endgültigen Bestimmungs-
> ort unter Berücksichtigung des Schutzes ihrer Grundrechte im Einklang mit dem
> Grundsatz der Nichtzurückweisung getroffen werden können."[87]

Sowohl die europarechtliche Definition des sicheren Ortes als auch
die Definition des Schiffsicherheitsausschusses der IMO stellen for-
mal betrachtet keine rechtlich bindenden Definitionen dar. Für
die europarechtliche Regelung gilt, dass diese nur im Rahmen
von Außengrenzeinsätzen unter dem Mandat und der Koordinierung von Frontex Anwendung finden. Die Richtlinien des Schiffssicherheitsausschusses stellen sog. *soft law* dar, also eine rechtsähnliche
Regelung ohne formelle Bindungswirkung. Im Fall der Place-of-Safety-Regelung verweisen jedoch die vertraglichen Regelungen explizit auf die Richtlinien der Organisation mit der Folge, dass die Definition des Schiffsicherheitsausschusses als quasi autoritative Legaldefinition betrachten werden
kann (→ Welche grundsätzlichen Auslegungsmethoden kennt das Völkerrecht?, → Welche Relevanz haben die Akte internationaler Organisationen
für die Auslegung des Völkerrechts?).

Link- und Literaturtipp | Der UNHCR hat speziell für Kapitän:innen
Richtlinien für die Ausschiffung von Asylsuchenden herausgegeben:

---

85   Vgl Annex, Nr. 6.12, der deutsche Text der Richtlinien entstammt VkBl. 2/2009 Nr. 17,
      S. 64.
86   Annex, Nr. 6.13.
87   Art. 2 Nr. 12 der Verordnung (EU) Nr. 656/2014 vom 15.05.2014.

UNHCR, Rescue at Sea. A Guide to Principles and Practice as Applied to Refugees and Migrants, 2015, abrufbarc unter: https://www.unhcr.org/4 50037d34.pdf sowie https://www.unhcr.org/3e5f35e94.pdf.

Eine rechtswissenschaftliche Auseinandersetzung mit dem MV Tampa-Fall bieten: Hartmut von Brevern/Jens M. Bopp, Seenotrettung von Flüchtlingen, Zeitschrift für ausländisches und öffentliches Recht 62 (2002), S. 841–852. Sie beantworten insbesondere die Frage, ob eine rechtliche Verpflichtung Australiens zur Anlandung der von der Tampa geretteten Asylsuchenden bestand. Offen bleibt in ihrem Beitrag jedoch eine rechtliche Bewertung bezüglich der durch NGO-Schiffe geretteten Menschen, da es sich bei der MV Tampa um ein Handelsschiff handelte, welches durch Zufall auf die Asylsuchenden traf.

Welche Orte gelten als „sicherer Ort", welche nicht?

Die Frage, welche konkreten Orte einen → sicheren Ort im Sinne der seevölkerrechtlichen Vorschriften darstellen, bedarf nach dem ausdrücklichen Wortlaut der oben genannten Place-of-Safety-Vorschriften einer Einzelfallbetrachtung, mit der die besonderen Umstände des Falles zu berücksichtigen sind. Nach den Richtlinien des Schiffssicherheitsausschusses der IMO ist jeder Fall einzigartig. Bei der Auswahl sollten Faktoren, wie bspw. die Situation an Bord des Hilfe leistenden Schiffes, Bedingungen vor Ort, medizinischer Bedarf und Verfügbarkeit von Transport- oder anderen Rettungsmitteln berücksichtigt werden.[88]

Infolge der oben dargelegten (Legal-)Definition kann aber für Seenotrettungseinsätze auf der zentralen Mittelmeerroute – ohne dass die Einzelfallbetrachtung entfiele – festgestellt werden, welche Mittelmeeranrainer grundsätzlich als sichere Orte gelten und welche nicht.

Soweit es darauf ankommt, dass es sich um einen Ort handelt, an dem das Leben der Überlebenden nicht mehr weiter in Gefahr ist und an dem ihre menschlichen Grundbedürfnisse (wie z. B. Nahrung, Unterkunft und medizinische Bedürfnisse) gedeckt werden können, besteht weitestgehend

---

88 Richtlinien für die Behandlung von auf See geretteten Personen vom 20.05.2004, Resolution MSC.167(78), Ziff. 6.15. IMO.

Einigkeit darüber, dass Libyen keinesfalls als sicherer Ort gelten kann.[89] Nach Regierungs-, Presse- und NGO-Berichten drohen → Migrant:innen in Libyen massivste Menschenrechtsverletzungen, inklusive Folter, Vergewaltigung und Lösegeldforderungen gegenüber Familienangehörigen.[90] In Bezug auf andere nordafrikanische Staaten (Ägypten, Tunesien, Algerien, Marokko) ist die (Menschen-)Rechtslage aktuell sicherlich nicht vergleichbar mit der in Libyen. Gleichwohl kann auch in diesen Staaten eine Inhaftierung und auch Folter nicht ausgeschlossen werden.[91] Berücksichtigt man auch die Notwendigkeit, dass Menschen nicht entgegen des → Grundsatzes der Nichtzurückweisung abgeschoben werden dürfen (vgl. den expliziten Hinweis im Rahmen der europarechtlichen Definition des sicheren Ortes, → Was beinhaltet der Grundsatz der Nichtzurückweisung?), so sind Algerien und Ägypten dafür bekannt, dass sie Migrant:innen unter Verstoß gegen den Grundsatz der Nichtzurückweisung abschieben, während dies in Marokko und Tunesien nicht ausgeschlossen werden kann.[92] Vor diesem Hintergrund erscheint es folgerichtig, dass europäische → MRCCs bei der Koordinierung von Seenotrettungsfällen auf der zentralen Mittelmeerroute einen europäischen Hafen als *place of safety* zuweisen.

Linktipps | Lesenswert ist in diesem Zusammenhang die Studie von Nora Markard und Anuscheh Farahat, die den Rechtsbegriff *place of safety* auslegen und aufzeigen, in welcher Form sich europäische Staaten ihrer Verantwortung im Umgang mit Seenotrettung entziehen: Nora Markard/Anuscheh Farahat, Places of Safety in the Mediterranean. The

---

89 S. z. B. Nele Matz-Lück, Seenotrettung als völkerrechtliche Pflicht: Aktuelle Herausforderungen der Massenmigrationsbewegungen über das Mittelmeer, 18.08.2018, abzurufen unter: https://verfassungsblog.de/seenotrettung-als-voelkerrechtliche-pflicht-aktuelle-herausforderungen-der-massenmigrationsbewegungen-ueber-das-mittelmeer (zuletzt abgerufen am 02.02.2023)

90 Das Auswärtige Amt sprach in der Vergangenheit in einem internen Bericht gar von „KZ-ähnlichen Verhältnissen", s. https://www.spiegel.de/politik/ausland/libyen-kz-aehnliche-verhaeltnisse-fuer-fluechtlinge-laut-bericht-beklagt-a-1132184.html (zuletzt abgerufen am 02.02.2023).

91 So auch Nora Markard/Anuscheh Farahat, Places of Safety in the Mediterranean. The EU's Policy of Outsourcing Responsibility, Brüssel: Heinrich Böll Stiftung 2020, S. 31, https://eu.boell.org/sites/default/files/2020-02/HBS-POS%20brochure%20web-200219.pdf (zuletzt abgerufen am 02.02.2023).

92 Ibid, S. 31 und insgesamt zu Nordafrika S. 18–31.

EU's Policy of Outsourcing Responsibility, Brüssel: Heinrich Böll Stiftung 2020, abrufbar unter: https://eu.boell.org/sites/default/files/2020-0 2/HBS-POS%20brochure%20web-200219.pdf. Mariaguilia Guiffré, Chiara Denaro und Fatma Raach untersuchen in ihrem Beitrag, ob Tunesien als sicherer Drittstaat gelten kann: Dies., ‚On Safety' and EU Externalization of Borders. Questioning the Role of Tunisia as a ‚Safe Country of Origin' and a ‚Safe Third Country', European Journal of Migration and Law 24.4 (2022), S. 570–599, abrufbar unter: https://brill.com /view/journals/emil/24/4/article-p570_5.xml.

Was besagt die sogenannte Next-Port-of-Call-Regelung?

Seit dem Jahr 2004 und der Tampa-Affäre besteht die Place-of-Safety-Regelung in den SAR- und SOLAS-Übereinkommen. Aber wie wurde die Zuweisung des Ortes für die Ausschiffung von aus Seenot geretteten Personen vor diesen Vertragsänderungen gehandhabt? Die Geretteten wurden grundsätzlich in den „next port of call", also den nächsten Anlaufhafen, verbracht, von wo aus ein Transfer zurück in den Heimatstaat erfolgte.[93] Dies war zwar nicht vertraglich festgeschrieben, so aber gängige Praxis. Aus einer Staatenpraxis von gewisser Dauer, getragen von einer Rechtsüberzeugung, kann sich laut Art. 38 Abs. 1 lit. b des IGH-Statuts Völkergewohnheitsrecht entwickeln. Beim Völkergewohnheitsrecht handelt es sich um eine weitere Rechtsquelle neben den Völkervertragsrecht, die im Gegensatz zu diesem aber nicht kodifiziert ist. Trotz seines ungeschriebenen Charakters ist das Völkergewohnheitsrecht rechtlich bindend für alle Staaten, die sich diesem nicht ausdrücklich seit seinem Entstehen widersetzen (sog. *persistent objector*). Fraglich ist aber, ob in der Staatenpraxis des „next port of call" auch die erforderliche Rechtsüberzeugung zu erkennen ist, die die Regelung zum Völkergewohnheitsrecht erstarken lässt. Aufgrund der hohen Zahl an fliehenden Menschen (insbesondere Vietnames:innen) wurde die Next-Port-of-Call-Regelung bereits in den 1970er Jahren

---

93   S. Hartmut von Brevern/Jens M. Bopp, Seenotrettung von Flüchtlingen, ZaörV 62 (2002), S. 842.

in Abrede gestellt. So behaupteten Staaten, um anschließende Belastungen durch Asylsuchende zu umgehen, bspw. der → Flaggenstaat des die Seenotrettung durchführenden Schiffes sei für die Geretteten zuständig.[94] Allein ein Blick auf den Tampa-Fall zeigt, wie unpraktikabel ein solches Vorgehen ist. Das norwegische Containerschiff hätte aus seiner Position vor Australiens Küste den gesamten Weg nach Norwegen antreten müssen, ungeachtet seiner eigentlich geplanten Route. Letztlich würde eine solche Rechtsauffassung dazu führen, dass Kapitän:innen ihre Pflicht zur → Seenotrettung aus Art. 98 SRÜ nicht mehr wahrnehmen würden, da diese in zu starkem Widerspruch zu ihren wirtschaftlichen Interessen stünde. Das Bestehen einer Rechtsüberzeugung wurde demnach also bestritten.[95] Darüber hinaus kann aber auch die Next-Port-of-Call-Regelung problematisch sein, sofern das Schiff eine lange Reise bis zu seinem nächsten Anlaufhafen vor sich hat. Die Situation kann unter Umständen erfordern, dass die aus Seenot Geretteten möglichst zeitnah ausgeschifft werden. Diese Umstände können sich sowohl aus dem Zustand der Geretteten wie auch aus der Ausstattung des Schiffes ergeben, wenn z. B. keine ausreichende Nahrung, medizinische Grundversorgung oder sanitären Anlagen vorhanden sind.

Der UNHCR entwickelte daher einen dynamischen Ansatz zur Next-Port-of-Call-Regelung. Der „next port of call" könnte sowohl den geografisch am nächsten gelegenen Hafen, den Hafen, auf dem das Schiff betreten wurde oder den nächsten planmäßigen Hafen des Schiffes meinen. Der UNHCR gelangt letztlich zu einer Einzelfallabwägung und stellt folgende Kriterien für die Abwägung des „most appropriate port for disembarkation purposes" auf:[96]

- the legal obligations of States under international maritime law and international refugee law;
- the pressing safety and humanitarian concerns of those rescued;
- the safety concerns of the rescuing vessel and the crew;

---

94   Ibid, S. 843.
95   Ibid, S. 843 f.
96   UNHCR, UNHCR guidelines on applicable criteria and standards relating to the protection of refugees and asylum-seekers rescued at sea, Rn. 30 f., https://www.unhcr.org/3e5f35e94.pdf (zuletzt abgerufen am 02.02.2023).

- the number of persons rescued and the consequent need to ensure prompt disembarkation;
- the technical suitability of the port in question to allow for disembarkation;
- the need to avoid disembarkation in the country of origin for those alleging a well founded fear of persecution;
- the financial implications and liability of shipping companies engaged in undertaking rescue operations.

Diese vom UNHCR entwickelten Kriterien stellen sog. *soft law* dar und haben keine Rechtsverbindlichkeit, sie bieten aber insbesondere bei Rettungseinsätzen durch kommerzielle Schiffe Anhaltspunkte für den bestmöglichen Ort der Ausschiffung. Bei Einsätzen von zivilen Seenotrettungsorganisationen können diese Kriterien ebenfalls angewandt werden (mit Ausnahme des letzten Kriteriums, das finanzielle und haftungsrechtliche Belange der Reedereien adressiert).

Dürfen NGO-Schiffe ohne Erlaubnis des Küstenstaates gerettete Migrant:innen in einen Hafen ihrer Wahl bringen?

NGO-Schiffe dürfen nur in Ausnahmefällen eigenständig den Hafen eines Küstenstaates ansteuern, um aus Seenot gerettete Menschen auszuschiffen. Häfen gehören in der Regel zu den inneren Gewässern eines Küstenstaates und damit zu dessen Staatsgebiet. Die Souveränität des Küstenstaates erstreckt sich sowohl über diese inneren Gewässer als auch über das → Küstenmeer (vgl. Art. 2 Abs. 1 SRÜ). Ein NGO-Schiff, das (bspw.) in einen italienischen oder maltesischen Hafen einläuft, untersteht daher grundsätzlich der Rechtsordnung des jeweiligen Hafenstaates. Für die Einfahrt in das Küstenmeer eines Staates gelten die gleichen Grundsätze, wenngleich mit bestimmten Einschränkungen, dazu unten. Vor diesem Hintergrund können Küstenstaaten – grundsätzlich – darüber entscheiden, welche Schiffe ihre Küsten- und inneren Gewässer anlaufen. Von diesem Grundsatz gibt es allerdings auch wichtige Ausnahmen, die im Zusammenhang mit zivilen Seenotrettungseinsätzen zu berücksichtigen sind.

Für den Bereich des Küstenmeeres gilt nach den Regeln des Seevölkerrechts, dass Schiffe das Recht der friedlichen Durchfahrt durch das Küstenmeer genießen (Art. 17 SRÜ). Das Recht auf friedliche Durchfahrt beinhaltet aber kein Recht auf Hafeneinfahrt. Vielmehr folgt aus der Gebietshoheit des Küstenstaates, dass dieser Einreisebestimmungen aufstellt, die auch auf die Einreise über den Seeweg Anwendung finden. Zwar möchte man meinen, dass täglich abertausende Schiffe, insbesondere Handelsschiffe, fremde Häfen anlaufen und es dabei nicht jedes Mal zu einer Überprüfung der Einreisevoraussetzungen für das Schiff und seiner Besatzung kommt. Dennoch folgt daraus nach allgemeiner Auffassung[97] nicht, dass Schiffe ein Recht haben, jeden beliebigen Hafen anzusteuern und einzulaufen.

Im Zusammenhang mit Seenotrettungsoperationen würde indes ein bloßer Verweis auf die Souveränität des Hafenstaates und die darauf gründende Gebietshoheit der Komplexität der Rechtslage nicht gerecht werden. Zu berücksichtigen ist insbesondere, dass Küstenstaaten verpflichtet sind, die Hilfe für Seenotfälle zu koordinieren und dafür Sorge zu tragen, dass ihnen ein sog. → sicherer Ort zugewiesen wird. Aus dieser Pflicht zur Zuweisung eines sicheren Ortes folgt aber nach allgemeiner Auffassung noch kein Recht der Kapitän:innen, einen selbst gewählten sicheren Ort anzusteuern (siehe dazu auch gesonderte Frage). Eine Ausnahme vom Souveränitätsgrundsatz stellt das gewohnheitsrechtlich anerkannten „Nothafenrecht" dar. Es sieht vor, dass Schiffe in Not, z. B. bei unmittelbarer Gefahr für Leib und Leben der Menschen an Bord, eigenständig Häfen ansteuern dürfen. Im Zusammenhang mit Hafeneinfahrten ist auch an migrationsrechtliche und menschenrechtliche Gewährleistungen zu denken (→ Welche Rolle spielen menschenrechtliche und asylrechtliche Garantien?).

Literaturtipps | Eine rechtswissenschaftliche, detaillierte Monografie in deutscher Sprache bietet: Inken von Gadow-Stephani, Der Zugang zu Nothäfen und Notliegeplätzen für Schiffe in Seenot, Berlin: Springer 2006. Ein kürzerer, aber ebenso lesenswerter Beitrag findet sich bei:

---

97   S. dazu Robin Churchill/Vaughan Lowe/Amy Sander, The law of the sea, 4. Auflage, Manchester: Manchester University Press 2022, S. 112–116,

Malte Jaguttis, Freier Hafenzugang für Flüchtlingsschiffe? Friedliche Durchfahrt und Nothafenrecht im Kontext von Fluchtbewegungen über See, Archiv des Völkerrechts 43.1 (2005), insbesondere S. 119 f. Die besonders seit dem Jahr 2019 vorliegende Problematik behandeln: Hermann-Josef Blanke/Manoël Johr, Rechtliche Vorkehrungen für die zivile Seenotrettung im Mittelmeer. „Sichere Häfen" und „verlässliche Ausschiffungsregelungen" in der EU zur Überwindung völkerrechtlicher Ungewissheit, Die Öffentliche Verwaltung 23 (2019), S. 929–939. Sie gehen auf das Souveränitätsprinzip als Grenze des Nothafenrechts ein und fordern eine Wiederaufnahme staatlicher Rettungsmaßnahmen und einen fairen Verteilungsschlüssel Geflüchteter innerhalb der EU.

Welche Regelungen sieht das völkergewohnheitsrechtliche Nothafenrecht vor?

Das Nothafenrecht kann, je nach Fallkonstellation, auch bei Seenotrettungseinsätzen ziviler Organisationen anwendbar sein. Dazu müsste sich das Seenotrettungsschiff in → Seenot befinden oder zumindest muss die Situation an Bord so gravierende Ausmaße angenommen haben, dass eine Gefahr für Leib und Leben droht und eine sofortige Einfahrt in einen Hafen erforderlich ist.[98] Auf letztere Notstandsituation an Bord hatte sich die Kapitänin Rackete im Sommer 2019 berufen, als dem Schiff Sea-Watch 3 rund zwei Wochen lang die Einfahrt verwehrt wurde. Das Nothafenrecht ist ein völkergewohnheitsrechtlich anerkanntes Recht für Schiffe bzw. Kapitän:innen, einen Hafen anzulaufen, wenn das Schiff sich in einem Notstand oder in einer notstandsähnlichen Lage befindet.[99] Das Recht leitet sich aus dem allgemeinen Notstandsrecht ab, das sowohl im Völkerrecht als auch in nationalen Rechtsordnungen anerkannt ist (siehe z. B. §§ 34 f. Strafgesetzbuch). Rechtlicher Ausgangspunkt für Notstandsregelungen ist, verkürzt gesagt, die Annahme, dass die unerlaubte Hafeneinfahrt dann ent-

---

98 Kritisch hingegen Maximilian Lenk, Das Nothafenrecht im Lichte der deutschen Notstandsdogmatik – ein Beitrag zu Salvinis, ungeliebten Schiffen auf dem Mittelmeer, ZaöRV 79 (2019), S. 713–725.

99 S. dazu Robin Churchill/Vaughan Lowe/Amy Sander, The law of the sea, 4. Auflage, Manchester: Manchester University Press 2022, S. 115–116.

schuldigt ist, wenn dadurch Gefahren für Leib und Leben gebannt werden. Dabei ist regelmäßig eine Interessenabwägung zwischen der Verletzung der territorialen Integrität eines Staates und der den Notstand begründenden Gefahr für herausragende Rechtsgüter (regelmäßig Leib und Leben) vorzunehmen.[100] Das Nothafenrecht ist völkervertragsrechtlich nicht kodifiziert. Gleichwohl besteht in Bezug auf den Kerngehalt des Nothafenrechts Einigkeit, wonach Schiffe in (See-)Not bei Gefahr für Leib und Leben einen Hafen anlaufen dürfen.[101] Seenotfälle stellen im Bereich der Schifffahrt regelmäßig einen Notstand für Leib und Leben dar. Als Rechtsfolge darf daher grundsätzlich ein Hafen angelaufen werden, wenn dies unter Abwägung der Umstände des Einzelfalles die Gefahr für Leib und Leben bannt – entgegen möglicherweise gegenteiliger Einreisebestimmungen des Hafenstaates. Die Seenot des Schiffes wird als Rechtfertigungs- oder Entschuldigungsgrund für etwaige auf der Notlage (oder dem Notstand) beruhende Rechtsverstöße angesehen.[102] Gleichzeitig reicht das Nothafenrecht nur so weit, wie es erforderlich ist, eine solche Gefahr zu bannen. Ein Recht auf Ausschiffung, also dem Anlandgehen von Personen an Bord, folgt aus dem Nothafenrecht grundsätzlich nicht. Etwas anderes kann sich aber ggf. aufgrund menschenrechtlicher und asylrechtlicher Bindungen des Hafenstaates ergeben (→ Kapitel „Seenotrettung aus menschenrechtlicher und migrationsrechtlicher Perspektive").

---

100   Im Völkerrecht findet werden Notstand und Notlage im Recht über die Staatenverantwortlichkeit (Articles on State Responsibility, kurz: ARSIWA) definiert. In Art. 24 ARSIWA werden Voraussetzungen und Rechtsfolgen des Rechtsinstituts der Notlage und in Art. 25 ARSIWA solche des Notstands normiert.

101   Vgl. z. B. die Angaben des U.S. Außenministeriums: „There is a clear customary law right of entry into ports by ships in distress in order to preserve human life." (Collection of sources on entry into port under force majeure, Archiv des U.S. Department of State für die Jahre 2001–2009, abzurufen unter: https://2001-2009.state.gov/s/l/2007/112701. htm mit weiteren Nachweisen; zuletzt abgerufen am 02.02.2023)

102   Vgl. Inken von Gadow-Stephani, Der Zugang zu Nothäfen und sonstigen Notliegeplätzen für Schiffe in Seenot, Berlin: Springer 2006, S. 5.

Welche konkreten Umstände könnten ein Nothafenrecht begründen?

Laut dem UNHCR[103] bestehen insbesondere bei Verweigerung der Einfahrt in einen Hafen nach durchgeführter Seenotrettungsoperation folgende Gesundheits- und Sicherheitsbedenken, die zu einem Seenotfall führen können:

- unzureichende Wassermengen und andere notwendige Lebensmittel für die Anzahl der Menschen an Bord;
- unzureichende medizinische Versorgungsmittel für die Anzahl der Menschen an Bord;
- medizinische Notfälle auf See;
- Übersteigung der rechtlich erlaubten Anzahl von Menschen an Bord;
- unzureichende Anzahl an lebensrettendem Equipment für die Anzahl der Menschen an Bord;
- unzureichende Anzahl an „Unterkünften" für die Anzahl der Menschen an Bord;
- Sicherheitsrisiko für die Crew und die Passagier:innen, sofern die Geretteten aggressives oder gewalttätiges Verhalten zeigen oder damit drohen.

Haben sich NGOs bereits auf das Nothafenrecht berufen?

Am 12. Juni 2019 rettete Kapitänin Carola Rackete mit dem Schiff Sea-Watch 3 (SW3) 53 schiffbrüchige Asylsuchende 35 Seemeilen vor der libyschen Küste. Anders als von der libyschen Küstenwache gefordert, steuerte sie nicht Tripolis an, sondern setzte Kurs auf Lampedusa in Italien. Ihre wiederholten Anfragen, in einen italienischen Hafen einzulaufen, lehnten italienische Behörden ab. Die italienische Küstenwache evakuierte zehn der Geretteten aus dringenden gesundheitlichen Gründen von der SW3. Die übrigen Geretteten stellten einen Antrag auf vorläufige Maßnahmen

---

103 UNHCR, UNHCR guidelines on applicable criteria and standards relating to the protection of refugees and asylum-seekers rescued at sea, Rn. 14, https://www.unhcr.o rg/3e5f35e94.pdf (zuletzt abgerufen am 02.02.2023).

gerichtet auf eine Anlegeerlaubnis beim Europäischen Gerichtshof für Menschenrechte (EGMR), welcher abgelehnt wurde.[104] Als zwei Wochen später laut Angaben der Kapitänin die Sicherheit der Menschen an Bord nicht mehr gewährleistet werden konnte, rief sie am 26. Juni 2019 den Notstand an Bord aus. Infolgedessen lief die SW3 am 29. Juni 2019 entgegen eines Verbots des Innenministers auf der Grundlage eines Sicherheitsdekrets in den Hafen von Lampedusa ein. Die Asylsuchenden wurden an Land gelassen und Kapitänin Rackete wurde festgenommen aufgrund des Vorwurfs, gegen das Verbot des Innenministers verstoßen zu haben, sowie wegen Beihilfe zur illegalen Einreise und der Gewaltanwendung gegen ein Kriegsschiff. Die Kapitänin berief sich im Rahmen des strafrechtlichen Ermittlungsverfahrens auf das Nothafenrecht und ihre völkerrechtliche Pflicht, Schiffsbrüchige zu retten. Eine Untersuchungsrichterin wies die Anschuldigungen wenige Tage später zurück und hob den Hausarrest auf, da die Kapitänin lediglich in Erfüllung ihrer Pflicht zur Rettung von Menschenleben auf See handelte und Häfen in Libyen und Tunesien nicht als sicher gewertet werden konnten. Im September 2019 gaben italienische Behörden die beschlagnahmte SW3 wieder frei und seit Dezember 2021 sind die Ermittlungsverfahren gegen die Kapitänin eingestellt.

Literaturtipps | Für eine Zusammenfassung der rechtlichen Vorwürfe gegen die Kapitänin samt rechtswissenschaftlicher Würdigung siehe den Beitrag von: Karin Oellers-Frahm, Italien und die Rettung von Migranten, Archiv des Völkerrechts 57.3 (2019), S. 345–358 und Dies., Italien und die Rettung von Migranten in Seenot: Zweiter Akt, Archiv des Völkerrecht 58.3 (2020), S. 337–348.

---

104   EGMR, Pressemitteilung vom 25.06.2019 (ECHR 240 [2019]).

Gilt die Pflicht zur Rettung auch gegenüber Personen, die sich möglicherweise selbstverschuldet in Seenot gebracht haben?

Im Zusammenhang mit maritimer Migration wird gelegentlich argumentiert, dass in Fällen selbstverschuldeter Seenot keine Pflicht zur Rettung bestehen könne. Eine solche Rechtsauffassung stimmt mit dem geltenden Völkerrecht nicht überein. Weder das SRÜ noch die weiteren seevölkerrechtlichen Übereinkommen sehen eine Ausnahme bei einer etwaigen selbstverschuldeten → Seenot vor. Migrant:innen auf einem Schlauchboot in Seenot sind genauso zwingend zu retten wie Tourist:innen auf einem Kreuzfahrtschiff oder die Besatzung eines Handelsschiffes.

In rechtlicher Hinsicht kann die Pflicht zur → Seenotrettung in Voraussetzungen und Rechtsfolgen aufgeschlüsselt werden. Auf der Voraussetzungenebene müssen sich

1. Menschen oder ein Schiff in Seenot befinden und
2. die Hilfeleistung oder Rettung muss möglich sein, ohne die Sicherheit des eigenen Schiffes zu gefährden.

Auf Rechtsfolgenseite steht die Rechtspflicht zur Hilfeleistung oder Seenotrettung. Diese Pflicht gilt anlass- und personenunabhängig. Die Rettungs- und Hilfeleistungspflicht besteht also allein aufgrund des Umstandes, dass jemand sich in Seenot befindet.[105] Hinzu kommt der Umstand, dass sich nicht mit Sicherheit feststellen lässt, welche Personen sich möglicherweise selbstverschuldet in Seenot gebracht haben und welche nicht: Wie stünde es z. B. um die Touristin, die auf ihrer Luftmatratze eingeschlafen ist und von der Strömung vom Strand weggezogen wird oder um den Fischer, der trotz Unwetterwarnung zum Fischen ausfährt? Im Zusammenhang mit maritimer Migration lässt sich zudem nur schwer behaupten, Menschen begäben sich freiwillig in Seenot, zumal sich regelmäßig auch Kinder und Säuglinge

---

105   Irreführend ist in dieser Hinsicht die Rechtsauffassung vertreten durch Hartmut von Brevern und Jens M. Bopp, die sich auf die Einfahrt in Häfen bei selbstverschuldeter Seenot bezieht und nicht auf die Pflicht zur Seenotrettung, s. Dies., Seenotrettung von Flüchtlingen, ZaöRV 62 (2002), S. 847.

auf hochseeuntauglichen Booten befinden, die sich mangels eigener Entscheidung erst recht nicht selbstverschuldet in Gefahr begeben haben können.

Zu beachten ist außerdem, dass die seevölkerrechtlichen Bestimmungen zur Seenotrettung an verschiedenen Stellen explizit betonen, dass die Pflicht zur Seenotrettung unabhängig von der Staatsangehörigkeit und von den Gründen der Seenot gilt (vgl. SOLAS-Übereinkommen, Regel V/33[1] und SAR-Übereinkommen, Anhang, Kapitel 2, Ziff. 2.1.10). Das bedeutet in der Konsequenz, dass Staaten und Kapitän:innen diskriminierungsfrei und daher unabhängig von dem etwaigen Status der Person und den Gründen der Seenot Hilfe bzw. Rettung leisten müssen, auch bei etwaiger „selbstverschuldeter" Seenot.

Seenotrettung aus menschenrechtlicher und migrationsrechtlicher Perspektive

 In verschiedenen völkerrechtlichen Verträgen haben sich Staaten zum Schutz des Lebens verpflichtet. Wie die Rechtsprechung internationaler Menschenrechtsgerichtshöfe im Zusammenhang mit Seenotrettung aussieht, ist in diesem Kapitel zu lesen. Dabei werden auch zahlreiche Verfahren unter die Lupe genommen und der Grundsatz der Nichtzurückweisung sowie das Verbot der Kollektivausweisung erklärt.

Welche Rolle spielen menschenrechtliche Garantien im Zusammenhang mit maritimer Migration und Seenotrettung?

Menschenrechte gelten nach dem Gedanken der Universalität der Menschenrechte überall, also z.B. auch auf dem (zentralen) Mittelmeer. Angesichts der Vielzahl von Menschen, die auf dem Weg in Richtung Europa ertrinken, stellt sich die Frage, inwiefern Staaten für die Verletzung des Menschenrechts auf Leben verantwortlich gemacht werden können. Die menschenrechtliche Dimension von maritimer Migration sowie der Zusammenhang zwischen Seenotrettungsoperationen und dem Menschenrecht auf Leben liegen dabei auf der Hand. Jedes Mal, wenn eine Person vor dem Ertrinken bewahrt wird, wird auch ihr Recht auf Leben geschützt.

Staaten haben sich dem Schutz des Lebens u. a. im Wege menschenrechtlicher Verträge (wie z. B. der EMRK) verpflichtet. Wenn Menschen auf dem Mittelmeer ertrinken, stellt dies jedoch nicht ohne Weiteres eine einem Staat zurechenbare Verletzung des Menschenrechts auf Leben dar, wie die nachfolgenden Ausführungen zeigen. Menschenrechtliche Verpflichtungen von Küsten- oder → Flaggenstaaten können darüber hinaus unter Umständen auch in anderem Zusammenhang, z. B. bei Hafeneinfahrten, relevant werden.

Nach der Konzeption des internationalen Menschenrechtsschutzes sind Staaten dazu verpflichtet, Menschenrechte zu achten. Nachdem Menschenrechte lange Zeit lediglich als Abwehrrechte gegen den Staat verstanden wurden, gelten sie heute gemeinhin in drei verschiedenen Dimensionen:[106]

1. als Abwehrrechte gegen den Staat bei staatlichen Eingriffen,
2. als Schutzpflichten des Staates; der Staat schützt dabei menschenrechtlich garantierte Rechtspositionen vor Gefahren und Beeinträchtigungen, und
3. als Erfüllungspflichten; hier handelt es sich v. a. um institutionelle oder materielle Leistungspflichten des Staates.

---

106   Vgl. die Darstellung bei Markus Krajewski, Völkerrecht, Baden-Baden: Nomos 2020, S. 295 ff.

Im englischen Sprachgebrauch hat sich vor dem Hintergrund dieser drei Schutzdimensionen der Ausdruck „obligation to respect, to protect, and to fulfil" etabliert.

Nach der Konzeption des Menschenrechtsschutzes, wie sie bspw. in Art. 1 EMRK Ausdruck findet, sichern Staaten allen „ihrer Hoheitsgewalt unterstehenden Personen" menschenrechtlich verbürgte Rechte und Freiheiten zu. In räumlicher Hinsicht folgt daraus, dass Staaten auf ihrem Staatsgebiet an menschenrechtliche Garantien gebunden sind. Daneben wird basierend auf der Rechtsprechung internationaler Gerichte und anderer Spruchkörper eine extraterritoriale Bindung an Menschenrechte in Situationen anerkannt, in denen Menschen außerhalb des Staatsgebietes der Hoheitsgewalt eines Staates unterstehen, z. B. in Fällen militärischer Besatzung oder tatsächlicher Kontrolle durch Organe oder Bedienstete des Staates. Dieses Verständnis von „Hoheitsgewalt" führt im Zusammenhang mit maritimer Migration letztlich zu einer Lücke im territorialen Anwendungsbereich menschenrechtlicher Garantien, wenn (wie im Regelfall) Menschen außerhalb territorialer Gewässer und ohne die aktive Beteiligung staatlicher Organe ertrinken. Itamar Mann bezeichnet diesen Umstand als „Maritime Legal Black Hole" (wörtlich: „maritimes rechtliches Schwarzes Loch").[107] Gleichwohl bedeutet diese Lücke im Anwendungsbereich des Menschenrechtsregimes nicht, dass die Begründung staatlicher Verantwortlichkeit in rechtlicher Hinsicht in allen Fällen des Ertrinkens ausgeschlossen wäre. In einem vom UN-Menschenrechtskomitee entschiedenen Fall stellte das Gremium fest, dass Italien das Menschenrecht auf Leben verletzt hatte, als die italienische Rettungsleitstelle (MRCC Rom) wiederholt in Kontakt mit → Migrant:innen an Bord eines sinkenden Schiffes stand, Hilfe zugesichert hatte, das sich in der Nähe befindliche Marineschiff aber viel später als tatsächlich möglich zur Hilfe schickte.[108]

---

107   Itamar Mann, Maritime Legal Black Holes. Migration and Rightlessness in International Law, European Journal of International Law 29.2 (2018), S. 347–372.

108   S. Zusammenfassung des Falles bei Nassim Madjidian, Mediterranean Responsibilities. Extra-territorial jurisdiction of coastal States in the context of maritime migration, abzurufen unter: https://verfassungsblog.de/mediterranean-responsibilities (zuletzt abgerufen am 02.02.2023).

Literaturtipp | Lisa-Marie Komp arbeitet in ihrem Aufsatz die Bedeutung des Menschenrechts auf Leben im Zusammenhang mit Seenotrettung heraus: Dies.,: The Duty to Assist Persons in Distress. An Alternative Source of Protection against the Return of Migrants and Asylum Seekers to the High Seas? In: Violeta Moreno-Lax/Efthymios D. Papastravidis (Hrsg.), ‚Boat Refugees‘ and Migrants at Sea: A Comprehensive Approach. Integrating Maritime Security with Human Rights, Leiden/ Boston: Brill | Nijhoff 2017, S. 222 f.

Welche Entscheidungen von Menschenrechtsgerichtshöfen oder -ausschüssen spielen für das Seenotrettungsrecht eine Rolle?

Es gibt eine Reihe von Entscheidungen internationaler Gerichte oder Ausschüsse, die für menschenrechtliche Fragen im Kontext von maritimer Migration und → Seenotrettung rechtliche Relevanz besitzen. Dabei handelt es sich grundsätzlich um solche Entscheidungen, die sich mit Fragen des räumlichen Anwendungsbereiches des Menschenrechtsregimes befassen oder die konkrete Staatenpflichten für den Schutz des Lebens und der körperlichen Unversehrtheit eines Menschen betreffen. Diejenigen Entscheidungen, denen ein Szenario im Kontext maritimer Migration und Seenotrettung zugrunde liegt, sind eher spärlich gesät. Wie bereits in der Antwort auf die vorherige Frage dargestellt, besteht hier eine rechtliche Lücke im (territorialen) Anwendungsbereich menschenrechtlicher Garantien. Neben dieser materiell-rechtlichen Hürde bestehen auch prozessuale Hürden. Oftmals ist die Identität der ertrunkenen Menschen unbekannt und Familienangehörige, die im Wege der Prozessstandschaft klagen könnten, wissen nicht um das konkrete Schicksal ihrer Familienangehörigen.

Aktuell sind mehrere Entscheidungen (vor dem EGMR, aber auch vor Menschenrechtsausschüssen) noch anhängig. Die wichtigsten bereits ergangenen und noch anhängigen Entscheidungen sollen an dieser Stelle kurz aufgezählt werden:

1. Hirsi Jamaa und andere gegen Italien (Az. 27765/09), EGMR-Urteil vom 23.02.2012 (→ Worum ging es in dem EGMR-Verfahren „Hirsi Jamaa und andere gegen Italien" aus dem Jahr 2012?);

2. S.S. und andere gegen Italien (Az . 21660/18), seit dem 03.05.2018 vor dem EGMR anhängig
   → In diesem Verfahren machen die Kläger:innen geltend, dass Italien gegen seine Verpflichtungen aus der EMRK verstoßen hat, indem es mit Libyen kooperierte, um der libyschen Küstenwache zu ermöglichen, Menschen auf See abzufangen und nach Libyen zurückzubringen;

3. vorläufige Maßnahmen *(interim measures)* des EGMR zugunsten von Geretteten an Bord der Sea-Watch 3 (nur als Pressemitteilung verfügbar), Az. ECHR 043 (2019) vom 29.01.2019; das Hauptsacheverfahren ist Y. A. und andere gegen Italien (Az. 5504/19); B. G. und andere gegen Italien (Az. 5604/19), M. S. und J. M. gegen Italien (Az. 20561/19), diese Verfahren sind vor dem EGMR noch anhängig
   → Im Jahr 2019 hatte der EGMR in einem die NGO Sea-Watch betreffenden Fall im Wege des vorläufigen Rechtsschutzes (sog. vorläufige Maßnahmen nach Art. 39 der Verfahrensordnung des Gerichtshofs) angeordnet, dass das Schiff Sea-Watch 3 aufgrund schlechter Wetterbedingungen Schutz vor der italienischen Küste suchen dürfe;[109]

4. A. S., D. I., O. I. und G. D. gegen Malta (Az. CCPR/C/128/D/3043/2017) und gegen Italien (CCPR/C/130/D/3042/2017), Entscheidungen des UN-Menschenrechtsausschusses vom 04.11.2020 (→ Welche Menschenrechtsverletzungen hat der UN-Menschenrechtsausschuss festgestellt?);

5. SDG gegen Italien, Beschwerde vor dem UN-Menschenrechtsausschuss („The Nivin Case"), derzeit noch anhängig (→ Worum ging es in dem EGMR-Verfahren „Hirsi Jamaa und andere gegen Italien" aus dem Jahr 2012?);

6. Strafanzeigen von Menschenrechtsanwält:innen vor dem Internationalen Strafgerichtshof, siehe zuletzt: https://www.ecchr.eu/fall/gewalt-geg en-gefluechtete-und-migrierende-in-libyen-der-internationale-strafger ichtshof-muss-ermitteln/.

---

109 EGMR, Pressemitteilung vom 29.01.2019 (ECHR 043 [2019]).

Linktipps | Annick Pijnenburg und Kris van der Pas geben einen Über-
blick über Gerichtsverfahren aus Perspektive einer strategischen Pro-
zessführung: Dies., Strategic Litigation against European Migration
Control Policies. The Legal Battleground of the Central Mediterranean
Migration Route, European Journal of Migration and Law, 12.09.2022,
abrufbar unter: https://brill.com/view/journals/emil/24/3/article-p401_
5.xml. Die Hintergründe zum Nivin-Fall sind nachzulesen unter: https:/
/www.glanlaw.org/nivincase. Entscheidungen des EGMR sind über die
Rechtsprechungsdatenbank HUDOC einsehbar: https://hudoc.echr.coe.i
nt/eng. Entscheidungen des UN-Menschenrechtsausschusses finden
sich unter https://juris.ohchr.org/.

Worum ging es in dem EGMR-Verfahren „Hirsi Jamaa und andere gegen Italien" aus dem Jahr 2012?

Im Mai 2009 versuchten ca. 200 Personen größtenteils somalischer und
eritreischer Herkunft, mit drei Schiffen die italienische Küste zu erreichen. 35 Seemeilen südlich von Lampedusa wurden die Asylsuchenden
von Schiffen der italienischen Steuerpolizei abgefangen. Sie befanden
sich mit ihrer Position auf → Hoher See innerhalb der maltesischen
SAR-Zone. Die Beamten beschlagnahmten ihre Ausweisdokumente,
luden die Menschen auf italienische Kriegsschiffe und brachten sie in
die libysche Hauptstadt Tripolis zurück.[110] Als Grund für die Operation
führte Italien ein bilaterales Abkommen mit Libyen gegen „illegale
Einwanderung" von 2009 an.[111] Elf somalische und dreizehn eritreische
Staatsangehörige erhoben daraufhin Klage vor dem EGMR.[112] Der
EGMR stellte in seinem Urteil fest, dass Italien Hoheitsgewalt im
Sinne des Art. 1 EMRK ausgeübt habe. Zum einen sei im Rahmen

---

110   Jan Hessbruegge, The European Court of Human Rights: Hirsi Jamaa et al. v. Italy,
      International Legal Materials 51 (2012), S. 423–476 (S. 423).
111   Europäischer Gerichtshof für Menschenrechte, Case of Hirsi Jamaa and others v. Italy,
      Urteil, 23.02.2012, para. 14.
112   Europäischer Gerichtshof für Menschenrechte, Case of Hirsi Jamaa and others v. Italy,
      Urteil, 23.02.2012, para. 14; Irini Papanicolopulu, Hirsi Jamaa v. Italy, American Journal
      of International Law 107 (2013), S. 417–423 (S. 417).

des italienischen Schifffahrtsgesetzes der völkerrechtliche Grundsatz der ausschließlichen Hoheitsgewalt des → Flaggenstaates für ein auf Hoher See fahrendes Schiff verankert. Zum anderen hätten sich die Ereignisse ausschließlich an Bord des unter italienischer Flagge fahrenden Schiffes abgespielt, dessen Personal ausschließlich aus italienischem Staatspersonal bestanden habe.[113] Beide Umstände bewogen das Gericht dazu, festzustellen, dass Italien Hoheitsgewalt ausgeübt hatte. Im Rahmen der Begründetheit der Klage stellten die Richter:innen einstimmig fest, dass die Rückführung von → Migrant:innen nach Libyen gegen das Verbot der Folter und anderer unmenschlicher oder erniedrigender Behandlung und das Verbot von Kollektivausweisungen verstoße sowie das Recht auf einen wirksamen Rechtsbehelf verletze.[114] Mit dem Urteil stellte der EGMR insbesondere fest, dass das → Refoulement-Verbot nach der EMRK auch bei extraterritorialen Rückführungen Anwendung findet. Insoweit wurde das Urteil von Menschenrechtsanwält:innen und NGOs als großer Erfolg verbucht. Gleichwohl ging mit dem Urteil auch eine Trendwende im Rahmen europäischer und italienischer Grenzschutzmaßnahmen einher, die fortan – auch aufgrund eigener menschenrechtlicher Bindung – auf Kooperation mit Drittstaaten zum Zwecke der Migrationskontrolle beruhten.

Literaturtipp | Eine gute Zusammenfassung des Hirsi-Urteils sowie eine rechtliche Einordnung der Entwicklung von Pushback- zu Pullback-Maßnahmen zum Zwecke des Grenzschutzes findet sich bei: Annick Pijnenburg, From Italian Pushbacks to Libyan Pullbacks. Is Hirsi 2.0 in the Making in Strasbourg? European Journal of International Law 20 (2018), S. 396–426.

---

113   Europäischer Gerichtshof für Menschenrechte, Case of Hirsi Jamaa and others v. Italy, Urteil, 23.02.2012, para. 77, 82.
114   Europäischer Gerichtshof für Menschenrechte, Case of Hirsi Jamaa and others v. Italy, Urteil, 23.02.2012, para. 138, 186, 207.

Was beinhaltet der Grundsatz der Nichtzurückweisung?

Im Zusammenhang mit Seenotrettung wird oft der → Grundsatz der Nichtzurückweisung *(non-refoulement)* angeführt. Das Verbot der Zurückweisung erweitert den Rechtsrahmen von → Seenotrettung im Zusammenhang mit maritimer Migration um eine flüchtlings- und menschenrechtliche Dimension, da das Refoulement-Verbot sowohl flüchtlings- als auch menschenrechtlich verbrieft ist. Teilweise bestehen aber Unterschiede im Anwendungsbereich der jeweiligen Vorschrift. Das Refoulement-Verbot findet explizite Regelung in Art. 33 Abs. 1 der Genfer Flüchtlingskonvention (GFK) und in Art. 3 der Anti-Folterkonvention. Nach gefestigter Rechtsprechung des EGMR verbietet Art. 3 EMRK (Verbot der Folter) die Ausweisung oder Abschiebung in einen anderen Staat, wenn es ernsthafte Gründe für die Annahme gibt, dass die Person dort (oder in einem Drittstaat) gefoltert, unmenschlich behandelt oder getötet werden könnte. In einem Urteil des U.S. Supreme Courts im Jahr 1993 hatte dieser in Bezug auf die Anweisung der US-Regierung an die Küstenwache, haitianische Asylsuchende vor Erreichen der amerikanischen Küstengewässer aufzugreifen und auf See zur Rückkehr nach Haiti zu zwingen ohne vorherige Prüfung eines etwaigen Flüchtlingsstatus, geurteilt, dass das Zurückweisungsverbot nach Art. 33 der GFK keine extraterritorialen Sachverhalte erfasse. Darüber hinaus ist der persönliche Anwendungsbereich der GFK auf → Flüchtlinge beschränkt (→ Aus welchen Gründen fliehen oder migrieren Menschen über das Mittelmeer?). Der persönliche und der territoriale Anwendungsbereich der EMRK sind gegenüber Art. 33 GFK eindeutig weiter. Zum einen schützt Art. 3 EMRK (Verbot der Folter) nicht nur Flüchtlinge. Zum anderen können auch extraterritoriale Sachverhalt in den Anwendungsbereich der EMRK fallen. Der EGMR hatte auf Grundlage von Art. 3 in seinem Hirsi-Urteil festgestellt, dass das Verbot der Zurückweisung auch auf → Hoher See gelte, sofern der Staat Hoheitsgewalt ausgeübt habe.

Für Seenotrettungseinsätze spielt das Refoulement-Verbot in zweierlei Konstellationen eine Rolle. Zum einen sind Sachverhalte denkbar, in denen das eigene Verhalten eines Staates dazu führt, dass Schutzsuchende in einen Staat verbracht werden, in welchen ihnen Folter oder Ähnliches droht, z. B. in Form von staatlichen Rückführungen (siehe z. B. der Fall Hirsi Jamaa). Zum anderen sind Szenarien denkbar, in denen der Staat nicht selbst handelt, sondern die Anweisung an Private (Kapitän:innen) erteilt, Menschen an einen Ort zu verbringen, wo Folter oder Ähnliches droht (z. B. nach Libyen). Ähnlich gelagert sind in der Vergangenheit wiederholt vorgefallene Fälle, in denen Handelsschiffe Menschen in Seenot aufnahmen und eigenständig nach Libyen brachten (ggf. auch ohne entsprechende Koordinierung eines europäischen Küstenstaates). Libyen stellt nach allgemeiner Auffassung gerade keinen sicheren Ort dar (→ *place of safety*). Die Menschenrechtslage vor Ort ist katastrophal: Über den Mittelmeerweg Flüchtende werden willkürlich inhaftiert, Menschen werden wie Sklaven behandelt, vergewaltigt und gefoltert.[115] In diesen Fällen muss in rechtlicher Hinsicht zunächst geprüft werden, ob auch Private an das → Refoulement-Verbot gebunden sind. In dem Fall, dass deutsche Staatsangehörige oder die Schiffsbesatzung eines unter deutscher Flagge fahrenden Schiffes Asylsuchende an einen Ort verbringen, wo den Menschen voraussichtlich Folter oder Tod drohen, kann dies eine Strafbarkeit wegen Aussetzung nach dem deutschen Strafgesetzbuch begründen.[116] Das deutsche Strafrecht gilt kraft der Regelungen des deutschen Strafgesetzbuches auch an Bord von Schiffen unter deutscher Flagge (§ 4 StGB) sowie für deutsche Staatsangehörige im Ausland (§ 7 Abs. 2 Nr. 1 StGB). Ein Gutachten des wissenschaftlichen Dienstes des Deutschen Bundestages kommt zu dem Ergebnis, dass eine Rückführung nach Libyen den Straftatbestand der Aussetzung (§ 221

---

115 S. etwa UN, OHCHR (2018), Abuse Behind Bars: Arbitrary and unlawful detention in Libya, https://www.ohchr.org/Documents/Countries/LY/AbuseBehindBarsArbitraryU nlawful_EN.pdf (zuletzt abgerufen am 02.02.2023); UN, Security Council (2018), United Nations Support Mission in Libya. Report of the Secretary-General, S/2018/429; Human Rights Watch vom 19.06.2017, EU: Übertragung der Seenotrettung an Libyen setzt Menschenleben aufs Spiel, https://www.hrw.org/de/news/2017/06/19/eu-uebertragung -der-seenotrettung-libyen-setzt-menschenleben-aufs-spiel.Libya (zuletzt abgerufen am 02.02.2023); allafrica vom 09.07.2018, Detention of Migrants Rescued at Sea Cruel and Must End – UN, https://allafrica.com/stories/201807090206.html (zuletzt abgerufen am 02.02.2023); Spiegel online vom 26.07.2018, Europa schickt Menschen in die Hölle, http ://www.spiegel.de/politik/ausland/fluechtlinge-in-libyen-europa-schickt-menschen-in -die-hoelle-a-1219935.html (zuletzt abgerufen am 02.02.2023).

116 Johanna Hahn/Valentin Schatz, Zurückweisungen von Migranten durch zivile Schiffe auf See – Eine strafrechtliche Perspektive, Zeitschrift für Internationale Strafrechtsdogmatik 12 (2020), S. 537–550.

StGB) erfüllen kann.[117] Nach Maßgabe des § 221 Abs. 1 Nr. 1 StGB macht sich strafbar, wer einen Menschen in eine hilflose Lage versetzt und ihn dadurch der Gefahr des Todes oder einer schweren Gesundheitsschädigung aussetzt.[118] In Italien hat es in einem solchen Fall bereits eine strafrechtliche Verurteilung gegeben. In dem Fall des unter italienischer Flagge fahrenden Schiffes Asso 28 hatte der Kapitän aus Seenot gerettete Migrant:innen zurück nach Libyen verbracht.[119] Das italienische Strafgericht (Tribunale di Napoli) verurteilte ihn zu einer einjährigen Haftstrafe wegen „willkürlichen Ausschiffens und Zurücklassens von Personen" gem. Art. 1155 des italienischen Navigationsgesetzes *(codice di navigazioni)* sowie wegen „Aussetzung Minderjähriger" nach Art. 591 des italienischen Strafgesetzbuches *(codice penale)*.[120] Insoweit kann eine zumindest mittelbare Bindung Privater an das Refoulement-Verbot angenommen werden, da Verstöße im Wege des nationalen Strafrechts geahndet werden können.

Was beinhaltet das menschenrechtliche Verbot der Kollektivausweisung?

Aus menschenrechtlicher Perspektive kann im Zusammenhang mit maritimer Migration und Seenotrettung das menschenrechtliche Verbot der Kollektivausweisung staatlichen Maßnahmen (z. B. Massenausweisungen oder Rückführungen) entgegenstehen. In der EMRK ist das Verbot der Kollektivausweisung in Art. 4 Protokoll Nr. 4 geregelt. Der Wortlaut der Vorschrift ist sehr kurz: *„Kollektivausweisungen ausländischer Personen sind*

---

117 Wissenschaftlicher Dienst des Deutschen Bundestags, Seenotrettung durch nicht-staatliche Akteure im rechtlichen Spannungsfeld zwischen „pull-back"-Operation der libyschen Küstenwache und dem Refoulementverbot vom 03.03.2020 (WD 2 – 3000 – 014/20), S. 21 f.

118 Johanna Hahn/Valentin J. Schatz, Zurückweisungen von Migranten durch zivile Schiffe auf See, ZIS 12/2020, S. 537.

119 Der Sachverhalt ist hier zusammengefasst: https://www.spiegel.de/politik/ausland/ italien-wie-die-asso-28-fluechtlinge-rettete-und-nach-libyen-brachte-a-1221105.html? sara_ecid=soci_upd_KsBF0AFjflf0DZCxpPYDCQgO1dEMph (zuletzt abgerufen am 02.02.2023).

120 S. https://www.asgi.it/notizie/libia-condanna-respingimento/ (zuletzt abgerufen am 02.02.2023).

nicht zulässig", die EU-Grundrechtecharta stellt in Art. 19 Abs. 1 eine fast wortlautidentische Regelung bereit. Unter Kollektivausweisung versteht der EGMR jede Maßnahme, die Ausländer:innen als Gruppe zwingt, ein Land zu verlassen, mit Ausnahme solcher Maßnahmen, die nach einer angemessenen und objektiven Prüfung der individuellen Situation aller Ausländer:innen getroffen werden.[121] Darunter fallen Ausweisungen von Personengruppen nach generellen Kriterien (z. B. der Staatsangehörigkeit oder der ethnischen Herkunft) ohne Einzelfallprüfung.[122] In der Entscheidung Hirsi Jamaa u. a. gegen Italien hat der EGMR bekräftigt, dass die Vorschrift auch bei der Zurückweisung von Migrant:innen auf → Hoher See Anwendung findet, wenn der Staat Hoheitsgewalt ausübt. Eingriffe in den Schutzbereich der Vorschrift können, kraft des klaren Wortlautes, nicht gerechtfertigt werden[123] und stellen daher eine menschenrechtswidrige Maßnahme dar. Der EMGR hat in einem vielfach kritisierten Fall (N. D. und N. T. gegen Spanien) den Schutzbereich der Vorschrift stark eingeschränkt (→ Welche Rechtsauffassung hat der EGMR in dem Fall ‚N. D. und N. T. gegen Spanien‘ vertreten?).

Literaturtipps | Zum Anwendungsbereich des Verbots der Kollektivausweisungen siehe insbesondere: Anselm Zölls, Das Verbot der Kollektivausweisung nach Art. 4 Protokoll Nr. 4 EMRK, Tübingen: Mohr Siebeck 2021. Lena Riemer beleuchtet neben dem Anwendungsbereich auch die Entwicklung des Verbotes auf regionaler und internationaler Ebene: Dies., The Prohibition of Collective Expulsion in Public International Law, Dissertation, Berlin 2020.

---

121   S. Factsheet des EGMR, Collective expulsions of aliens, Oktober 2022, https://www.echr. coe.int/documents/fs_collective_expulsions_eng.pdf (zuletzt abgerufen am 02.02.2023).

122   HK-EMRK/Jens Meyer-Ladewig/Stefan Harrendorf/Stefan König, Protokoll Nr. 4 zur Konvention zum Schutz der Menschenrechte Art. 4 Rn. 1, 4. Auflage 2017.

123   Ibid, Rn. 2.

Welche Rechtsauffassung hat der EGMR in dem Fall „N. D. und N. T. gegen Spanien" vertreten?

Am 13. August 2014 versuchten N. D. und N. T. aus Mali und der Republik Côte d'Ivoire mit 70 weiteren Personen aus Subsahara-Afrika die Grenze bei Melilla nach Spanien zu überqueren. Dafür erklommen sie die hohen Zäune innerhalb der spanischen Grenzanlage. Auf der spanischen Seite der Grenze wurden sie jedoch von spanischen Grenzbeamten gestoppt, die marokkanische Sicherheitskräfte in die Grenzanlage einließen. Durch die marokkanischen Sicherheitskräfte wurden N. D. und N. T. gemeinsam mit den anderen Menschen nach Marokko zurückgezwungen. Im Jahr 2015 reichten N. D. und N. T. wegen ihrer Behandlung an der Grenze Beschwerde beim EGMR ein. Insbesondere beklagten sie eine Verletzung des Verbots der Kollektivausweisung (Art. 4 Protokoll Nr. 4 EMRK) durch die spanischen Grenzbeamten. Spanien erwiderte jedoch im Verfahren, dass das Verbot der Kollektivausweisung nicht verletzt sein könne, da die beiden Beschwerdeführer „illegal", also ohne Asylantragstellung spanisches Territorium erreichen wollten. Ein Asylgesuch hätte vor dem offiziellen Grenzübergang vorgebracht werden können. Die Beschwerdeführer wandten dagegen ein, dass eine Möglichkeit, Asyl zu beantragen, für Menschen aus subsaharischen Staaten nicht bestanden habe. In erster Instanz stellt der EGMR eine Verletzung des Verbots der Kollektivausweisung sowie eine Verletzung des Rechts auf wirksame Beschwerde nach Art. 13 EMRK fest. Die große Kammer des EGMR revidierte das Urteil im Jahr 2020. Sie kam zu dem Ergebnis, dass das Verbot der Kollektivausweisung in dem Fall der beiden Beschwerdeführer nicht verletzt sei. Zur Begründung führte der Gerichtshof an, dass kein Verstoß (gegen das Verbot) vorliege, da die Beschwerdeführer die Kollektivausweisung durch ihr eigenes „schuldhaftes Verhalten" verursacht hätten, indem sie kein reguläres Grenzverfahren durchlaufen hätten. Das Urteil ist auf vehemente Kritik gestoßen.

Linktipps | Der Fall N. D. und N. T. ist von der deutschen NGO ECCHR unterstützt worden. Hintergründe zum Fall finden sich unter: https://www.ecchr.eu/fall/nd-und-nt-gegen-spanien/. Eine Zusammenfassung des EGMR-Urteils von 2017 lässt sich nachlesen unter: https://verfassungsblog.de/die-identifikation-einzelner-gedanken-zum-egmr-urteil-im-fall-n-d-und-n-t/ (2017). Nora Markard, Professorin am Lehrstuhl für Internationales Öffentliches Recht und Internationalen Menschenrechtsschutz der Universität Münster, hat die Entscheidung der großen Kammer (2020) kritisch zusammengefasst. Zu finden unter: https://eumigrationlawblog.eu/a-hole-of-unclear-dimensions-reading-nd-and-nt-v-spain/.

Welche Menschenrechtsverletzungen hat der UN-Menschenrechtsausschuss festgestellt?

In der Entscheidung des UN-Menschenrechtsausschusses (UN Human Rights Committee, HRC) Nr. 3043/2017 geht es um einen Seenotrettungsfall, der sich am 11. Oktober 2013 ca. 113 km südlich von Lampedusa und 218 km südlich von Malta zutrug. Rund 400 Personen, überwiegend syrische Staatsangehörige, bestiegen in Libyen einen Fischkutter und versuchten, die europäische Küste zu erreichen. Da große Mengen Wasser in das Schiff eindrangen, riefen die Personen an Bord des sinkenden Schiffes mehrmals die italienischen Behörden an und baten um Hilfe. Zu diesem Zeitpunkt befand sich das sinkende Schiff innerhalb der maltesischen SRR, aber in der Nähe von Italien (61 Seemeilen südlich von Lampedusa, 118 Seemeilen südwestlich von Malta). Der erste Notruf wurde zwischen 11 Uhr und 12.26 Uhr abgesetzt. In einem der Notrufe versicherten die italienischen Behörden, dass die Personen gerettet werden würden. Vermutlich war das nächstgelegene Schiff das italienische Marineschiff ITS LIBRA, das sich eine Stunde vom sinkenden Schiff entfernt befand. Um 13 Uhr übernahm Malta mündlich die Verantwortung für die Koordinierung des Notfalls, ohne die genauen Koordinaten des sinkenden Schiffes und der Schiffe in der Nähe zu kennen. Die ITS LIBRA wurde von italienischen Behörden zunächst angewiesen, sich weiter von dem in Not geratenen Schiff zu entfernen, anstatt zu helfen. Erst um 17.07 Uhr, nachdem die italienische Seenotrettungsleitstelle

($\rightarrow$ MRCC) über das Kentern des Schiffes informiert wurde, bestätigte sie, dass die ITS LIBRA zu dem in $\rightarrow$ Seenot geratenen Schiff entsandt wurde. Die ITS LIBRA traf um 18 Uhr vor Ort ein und übernahm um 18.30 Uhr die Koordinierung vor Ort. Das italienische Schiff traf also mindestens fünf, möglicherweise sogar sieben Stunden, nachdem die italienischen Behörden über die Koordinierung des sinkenden Schiffes informiert worden waren, ein. Letztlich ertranken $\rightarrow$ 200 Migrant:innen an Bord des Schiffes, darunter 60 Kinder. Vor dem HRC warfen Familienmitglieder sowohl Italien als auch Malta das rechtswidrige Unterlassen gebotener Rettungsmaßnahmen und damit die Verletzung des Rechts auf Leben (Art. 6 UN-Zivilpakt [ICCPR]), das Unterlassen effektiver Untersuchungen des Vorfalls (Art. 6 i. V. m. Art. 2 Abs. 3 ICCPR) und die Verletzung des Art. 7 (Verbot der Folter) i. V. m. Art. 2 Abs. 3 ICCPR (Recht auf wirksame Beschwerde) vor.

Das HRC erließ zwei Entscheidungen, sowohl gegenüber Malta als auch gegenüber Italien. Gegenüber Malta formulierte das HRC keinen materiell-rechtlichen Vorwurf, da der nationale Rechtsweg zuvor nicht erschöpft worden war. In Bezug auf Italien kam das HRC zu dem Ergebnis, dass Italien extraterritoriale Hoheitsgewalt ausgeübt habe. Ausdruck sei dieser u. a. dadurch verliehen worden, dass das sich in Seenot befindende Boot Kontakt zum MRCC Rom aufgenommen hatte und dass dieses fortlaufend in den SAR-Einsatz involviert gewesen sei. Diese faktische Lage stelle in Kombination mit den juristischen Verpflichtungen Italiens, die sich u. a. aus dem SAR- und SOLAS-Übereinkommen ergeben, eine besondere Abhängigkeitsbeziehung zwischen dem sich in Seenot befindenden Boot und Italien dar. Mit dieser Interpretation von extraterritorialer Hoheitsgewalt geht das HRC über die aktuelle ständige Rechtsprechung des EGMR hinaus.

Literaturtipps | Zum Sachverhalt und einer vertiefteren Auseinandersetzung mit der Entscheidung des HRC siehe auch: Nassim Madjidian, Mediterranean Responsibilities. Extra-territorial jurisdiction of coastal States in the context of maritime migration, 2021, abzurufen unter: http s://verfassungsblog.de/mediterranean-responsibilities/ sowie Silvia Dimitrova, ‚Rethinking Jurisdiction' in International Human Rights Law in Rescue Operations at Sea in the Light of AS and Others v Italy and AS and Others v Malta. A New Right to be Rescued at Sea?, Israel Law Review (2022), S. 1–20.

Können aus Seenot gerettete Flüchtlinge an Bord des Schiffes einen Asylantrag stellen?

An Bord eines Schiffes kann – in den allermeisten denkbaren Szenarien – kein Asylantrag gestellt werden. Eine Ausnahme kann allerdings dann gelten, wenn sich ein (Rettungs-)Schiff bereits im → Küstenmeer eines EU-Mitgliedstaates befindet.

Asylanträge werden grundsätzlich bei der hierfür zuständigen Stelle eines Staates in mündlicher oder schriftlicher Form gestellt (für Deutschland siehe § 14 Asylgesetz). An Bord eines Schiffes fehlt es gerade an dieser kompetenten und zuständigen Stelle und das Schiff stellt nach allgemeiner Auffassung auch kein „floating territory" („schwimmendes Gebiet") des → Flaggenstaates dar. Es kann auch nicht von Kapitän:innen erwartet werden, den rechtlichen Status einer geretteten Person zu bestimmen. Die Aufgabe der Kapitän:innen ist lediglich die der Hilfeleistung. Darüber hinaus stellen sich auch praktische Probleme bei Stellung und Bewertung des Asylantrags an Bord eines Schiffes, insbesondere in der Hinsicht, dass keine adäquate Übersetzung gewährleistet werden kann, dass Gespräche nicht vertraulich geführt werden können und dass ein entsprechender Zugang zu Beratung und Beschwerdemöglichkeiten nicht offensteht. Der Asylantrag muss demnach in der Regel nach Ausschiffung auf „trockenem Boden" gestellt werden und erst hier wird der aufenthaltsrechtliche Status der entsprechenden Person durch die zuständigen staatlichen Stellen bestimmt.[124]

Ein anderes Szenario liegt indes vor, wenn sich ein (NGO-)Schiff bereits im Küstenmeer befindet, weil es z. B. wetterbedingt Schutz vor der italienischen Küste suchen musste. In diesen Fällen ist die sog. Asylverfahrensrichtlinie einschlägig (2013/32/EU), wonach ein Asylantrag bereits im Küstenmeer eines EU-Staates gestellt werden kann, vgl. den Anwendungsbereich der Richtlinie nach Art. 3 Abs. 1. Außerdem müssen Mitgliedstaaten nach Art. 8 Abs. 1 der Richtlinie Personen, die sich an den Außengrenzen (einschließlich Transitzonen) befinden und möglicherweise einen Antrag auf internationalen Schutz stellen möchten, Informationen über die Möglichkeit hierzu zur Verfügung stellen sowie Sprachmittlungsvorkehrungen treffen, soweit dies notwendig ist, um die Inanspruchnahme des Asylverfahrens zu erleichtern.

---

124 UNHCR, UNHCR guidelines on applicable criteria and standards relating to the protection of refugees and asylum-seekers rescued at sea, Rn. 21–24, https://www.unhcr.org/3e5f35e94.pdf (zuletzt abgerufen am 02.02.2023).

Nach Erwägungsgrund Nr. 26 der Richtlinie sollen Menschen, die sich in den Hoheitsgewässern eines Mitgliedstaats befinden, an Land gebracht und ihre Anträge nach Maßgabe der Asylverfahrensrichtlinie geprüft werden. Des Weiteren ist in diesen Szenarien an das → Refoulement-Verbot sowie an das Verbot der Kollektivausweisung zu denken. Aus dieser rechtlichen Konstellation folgt daher die Notwendigkeit der Einreise zum Zwecke der Durchführung eines Asylverfahrens.

Staatliche und europäische Reaktionen auf maritime Migration und zivile Seenotrettung

 Derzeit gibt es keine Seenotrettungsprogramme europäischer Staaten oder der EU. Im Gegenteil: Durch verschiedene Aktionen und Maßnahmen wird vielerorts versucht zu verhindern, dass Migrant:innen die Europäische Union erreichen oder zivile Seenotrettungsorganisationen tätig werden. Mehr zu Frontex, Pushbacks, Pullbacks und aktuellen Gerichtsverfahren gibt es in diesem letzten Kapitel.

Betreiben europäische Staaten oder die EU selbst proaktiv Seenotrettung?

Europäische Staaten oder die Europäische Union betreiben aktuell (Stand: Juni 2023) keine proaktive → Seenotrettung auf dem Mittelmeer. In der Vergangenheit hat Italien im Rahmen seines Seenotrettungsprogramms *Mare Nostrum* mit eigenen Schiffen Seenotrettung betrieben und mit Seenotrettungsorganisationen kooperiert, z. B., indem den auf See befindlichen NGO-Schiffen Koordinaten von den den Behörden bekannten Seenotfällen mitgeteilt und die NGO-Schiffe angewiesen wurden, Menschen aus Seenot zu retten.

Im Zuge des europäischen Militäreinsatzes EUNAVFOR MED Operation Sophia haben EU-Mitgliedstaaten in den Jahren 2015 bis 2020 Seenotrettung auf der zentralen Mittelmeerroute betrieben. Der Einsatz im Rahmen der Operation Sophia ist mittlerweile beendet (→ Welche Aufgabe haben EU-Mitgliedsstaaten im Rahmen europäischer Militäreinsätze auf dem Mittelmeer übernommen?). Auf sie folgte die Operation Irini mit der Kernaufgabe, das Waffenembargo der UN gegen das im Bürgerkrieg befindliche Libyen auf Rechtsgrundlage der UN-Sicherheitsratsresolutionen 1970 (2011), 2292 (2016) und 2473 (2019) umzusetzen.

Zivilgesellschaftliche Organisationen ebenso wie der UNHCR fordern seit langem die Wiederaufnahme eines europäischen Seenotrettungsprogramms. Der letzte Anlauf, ein europäisches Seenotrettungsprogramm zu beschließen, erfolgte mit einer Resolution im Europäischen Parlament im Jahr 2019. Darin forderten die Abgeordneten u. a. die Aufnahme eines proaktiven Seenotrettungsprogramms und seine politische und finanzielle Unterstützung durch die EU-Kommission. Die Resolution scheiterte knapp an der erforderlichen Mehrheit im Parlament.[125]

In Deutschland bekräftigten SPD, Die Grünen und FDP im Koalitionsvertrag für 2021–2025, dass sie eine „staatlich koordinierte und europäisch getragene Seenotrettung im Mittelmeer" anstreben. Mit diesem Passus bekennen sich die Regierungsparteien zur Notwendigkeit einer proaktiven staatlichen Seenotrettung:

---

125 S. https://www.europarl.europa.eu/doceo/document/B-9-2019-0154_DE.html und ht tps://oeil.secure.europarl.europa.eu/oeil/popups/ficheprocedure.do?lang=en&referenc e=2019/2755(RSP) (beides zuletzt abgerufen am 02.02.2023).

„Wir streben eine staatlich koordinierte und europäisch getragene Seenotrettung im Mittelmeer an und wollen mit mehr Ländern Maßnahmen wie den Malta-Mechanismus weiterentwickeln. Wir streben eine faire Verantwortungsteilung zwischen den Anrainerstaaten des Mittelmeers bei der Seenotrettung an und wollen sicherstellen, dass Menschen nach der Rettung an sichere Orte gebracht werden."

Gleichwohl folgt aus diesem rechtlich unverbindlichen Bekenntnis noch nicht die Einleitung eines deutschen oder europäischen Seenotrettungsprogramms.

Linktipp | Fehlende Initiative und kontraproduktives Handeln in der politischen Strategie der EU bemängelt Amnesty International bereits im Jahr 2017 in folgendem Bericht: Europe: A perfect storm: The failure of European policies in the central Mediterranean, zu finden unter: http s://www.amnesty.org/en/documents/eur03/6655/2017/en/.

Was ist das Seenotrettungsprogramm *Mare Nostrum* und wieso wurde es eingestellt?

Mare Nostrum (Lateinisch für „unser Meer" und die römische Bezeichnung für das Mittelmeer) ist der Name des mittlerweile eingestellten staatlichen italienischen Seenotrettungsprogramms. Unter dem Eindruck eines Schiffsunglücks vor Lampedusa, bei dem am 3. Oktober 2013 rund 400 Menschen unmittelbar vor der Küste der italienischen Insel ertranken, rief die italienische Regierung das Programm im Oktober 2013 ins Leben. Bis November 2014 patrouillierten im Rahmen der Operation italienische Einsatzkräfte in den Gewässern der Straße von Sizilien. Das Einsatzgebiet reichte anfangs bis kurz vor libysche Hoheitsgewässer. Die beteiligten Einsatzkräfte bestanden aus Marine, Luftwaffe, Carabinieri, Guardia di Finanza, Zoll, Küstenwache, Militärkorps des Italienischen Roten Kreuzes sowie verschiedenen dem Innenministerium unterstellte Polizeieinheiten.[126] Innerhalb der ersten zehn Monate retteten Angehörige der italienischen Einsatzkräfte rund 100.000 Menschen.[127] Insgesamt wurden rund 150.000 Menschen aus Seenot gerettet.[128]

Das Programm endete nach rund einem Jahr. Presseberichte zitieren den damaligen italienischen Innenmister Alfano in Bezug auf das Ende des italienischen Seenotrettungsprogramms mit den Worten „Italien hat seine Pflicht getan".[129] Italien hatte davor mehrfach verlangt, die Europäische Union müsse das Land entlasten, und wollte schließlich Kosten und Verantwortung für Seenotrettung an der europäischen Außengrenze nicht alleine tragen. Unter Leitung der EU-Agentur Frontex folgte schließlich ab November 2014 die Operation Triton. Der Frontex-Einsatz erfolgte allerdings in deutlich reduzierterer Form, sowohl in Bezug auf Budget als auch auf das Einsatzgebiet und die zur Verfügung stehende Flotte. Ein weiterer Unterschied besteht im Operationsziel. Während das erklärte Ziel von *Mare Nostrum* die proaktive Rettung von in Seenot befindlichen → Migrant:innen war, sind Einsätze der EU-Agentur Frontex qua ihres Mandates immer auch solche des Grenzschutzes (→ Welche Rolle spielt die EU-Agentur Frontex in Bezug auf maritime Migration auf dem Mittelmeer?).

Das italienische Seenotrettungsprogramm *Mare Nostrum* wird von zivilgesellschaftlichen Akteur:innen und Politiker:innen oft als Referenz bei der Einforderung eines staatlichen oder europäischen Seenotrettungsprogramms diskutiert. Im Koalitionsvertrag für 2021–2025 bekräftigen die Regierungsparteien die Notwendigkeit einer „staatlich koordinierte[n] und europäisch getragene[n] Seenotrettung" (→ Betreiben europäische Staaten oder die EU selbst proaktiv Seenotrettung?).

---

126 Bernd Kasparek, Was war Mare Nostrum? Dokumentation einer Debatte um die italienische Marineoperation, movements. Journal für kritische Migrations- und Grenzregimeforschung 1.4 (2015).

127 S. Sachverhalt und Zahlen sowie weitere Nachweise bei Paolo Cuttitta, From the Cap Anamur to Mare Nostrum. Humanitarianism and Migration Controls at the EU's Maritime Borders, in: Claudio Matera/Amanda Taylor, The Common European Asylum System and Human Rights. Enhancing Protection in Times of Emergencies, Den Haag: Asser Institute 2014, S. 21–37.

128 https://www.handelsblatt.com/politik/international/eingestellte-rettungsmission-so-funktionierte-mare-nostrum/11660108.html (zuletzt abgerufen am 02.02.2023).

129 https://www.sueddeutsche.de/politik/seenotrettung-fuer-fluechtlinge-das-mittelmeer-wird-wieder-unsicherer-1.2199997 (zuletzt abgerufen am 02.02.2023).

Welche Aufgaben haben EU-Mitgliedstaaten im Rahmen europäischer Militäreinsätze auf dem Mittelmeer übernommen?

Neben den von Frontex geleiteten (Grenzschutz-)Operationen auf dem Mittelmeer wird der Mittelmeerraum auch im Wege europäischer Militäreinsätze kontrolliert, die ihre Rechtsgrundlage in der gemeinsamen Außen- und Sicherheitspolitik (GASP) der Europäischen Union finden (vgl. Art. 42 Abs. 1 und Art. 43 Abs. 1 EU-Vertrag). Im Zeitraum 2015–2020 haben EU-Mitgliedstaaten das zentrale Mittelmeer im Rahmen der Militäroperation EUNAVFOR MED Operation Sophia überwacht und dabei auch Migrant:innen aus Seenot gerettet. EUNAVFOR MED steht für: „European Naval Force – Mediterranean". Die Operation wurde später umbenannt in: „EUNAVFOR MED Operation Sophia" (kurz: Operation Sophia) – nach einem Kind, das an Bord eines der Marineschiffe geboren wurde. Das Mandat der Operation wurde mehrfach verlängert. Es beinhaltete neben der Bekämpfung von Schleuserkriminalität auch die Ausbildung libyscher Küstenschutzkräfte.

Ins Leben gerufen wurde die Operation mit Beschluss des Rates der Europäischen Union vom 18. Mai 2015 (2015/778/GASP). Der Rat betont darin, Maßnahmen ergreifen zu wollen, um „durch die Schleuserkriminalität im Mittelmeer verursachte menschliche Tragödien zu verhindern" (vgl. Erwägungsgründe des Beschlusses) und „das Geschäftsmodell der Menschenschmuggel- und Menschenhandelsnetze im südlichen zentralen Mittelmeer zu unterbinden" (Art. 1 des Beschlusses). Das Mandat der Militäroperation unterteilt sich in drei Phasen und umfasst das Sammeln von Informationen; das Anhalten, Durchsuchen, Inbeschlagnehmen und Umleiten von Schiffen, die im Verdacht stehen, zu Zwecken des Menschenschmuggels oder -handels verwendet zu werden; sowie diese Schiffe ggf. zu zerstören oder unbrauchbar zu machen (vgl. Art. 2 des Beschlusses). Das Mandat der Mission diente zwar ausweislich seiner Rechtsgrundlage in erster Linie dazu, sog. Schleuserkriminalität einzudämmen. Angesichts der rund 45.000 Geretteten[130] handelte es sich bei der Operation Sophia jedoch auch um eine staatlich-militärische Seenotrettungsmission.

---

130 S. Infografik auf: https://www.consilium.europa.eu/de/infographics/saving-lives-sea/ (beides zuletzt abgerufen am 02.02.2023).

Dabei ist allerdings nicht zu verkennen, dass die Militäroperation auch die Ausbildung libyscher Küstenschutzkräfte umfasste, mit dem Ziel, Migrant:innen bereits zu Beginn der Überfahrt daran zu hindern, sich europäischen Küsten zu nähern (sog. → Pullbacks, → Was sind Pullbacks?).

Das Ende der Operation zeichnete sich schließlich ab, als sich die EU-Mitgliedstaaten nicht auf neue Einsatzregeln zur Verteilung der aus Seenot geretteten Migrant:innen einigen konnten, die bis dato in Italien ausgeschifft wurden, und Italien zudem die Marineschiffe ab 2018 vermehrt außerhalb der Fluchtrouten einsetzte.[131] Im Jahr 2019 wurde das Mandat erneut um sechs Monate verlängert, allerdings ohne den weiteren Einsatz von Patrouillenbooten. Eine effektive → Seenotrettung war also spätestens ab diesem Zeitpunkt nicht mehr möglich. Das Mandat der Operation endete am 31. März 2020 und wurde von der EU-Militäroperation Irini abgelöst, die vordergründig der Umsetzung des Waffenembargos des UN-Sicherheitsrates gegen Libyen dient. In räumlicher Hinsicht patrouillieren die eingesetzten Marineeinheiten jenseits der Fluchtrouten und retten daher keine Menschen in Seenot.

Welche Rolle spielt die EU-Agentur Frontex in Bezug auf maritime Migration auf dem Mittelmeer?

Die EU-Agentur Frontex ist einer der wesentlichen Akteure der europäischen Außengrenzpolitik. Sie steht seit einiger Zeit vermehrt unter Kritik aufgrund des Vorwurfs, an völkerrechtswidrigen Rückführungen (sog. → Pushbacks, → Was versteht man unter Pushbacks?) von Asylsuchenden beteiligt zu sein. Die Agentur wurde 2004 durch die VO(EG) Nr. 2007/2004 als „Europäische Agentur für die operative Zusammenarbeit an den Außengrenzen" gegründet und mittlerweile umbenannt in: „Europäische Agentur für die Grenz- und Küstenwache". Sie hat ihren Sitz in Warschau und ist seit dem 1. Mai 2005 mit dem Ziel tätig, die operative Zusammenarbeit der Mitgliedstaaten im Bereich des Außengrenzschutzes zu koordinieren und Mitgliedstaaten technisch und operativ beim Außengrenzschutz zu

---

131   https://www.spiegel.de/politik/ausland/italien-sabotiert-rettung-von-fluechtlingen-im-mittelmeer-a-1225317.html (zuletzt abgerufen am 02.02.2023).

unterstützen (vgl. Art. 2 der VO(EG) Nr. 2007/2004). Das Mandat der Agentur wurde im Wege von EU-Verordnungen in den letzten Jahren deutlich überarbeitet und hat sich ausgedehnt. Ab dem Jahr 2016 umfasste das Mandat mehr als 20 Aufgabenbereiche (vgl. Art. 8 Abs. 1 lit. a–u der Verordnung [EU] Nr. 656/2014, sog. Seeaußengrenzen-VO), darunter u. a. Überwachung und Schutz der Außengrenzen, Unterstützung der Mitgliedstaaten, Zusammenstellung und Entsendung europäischer Grenz- und Küstenwacheteams, Bereitstellung von Ausrüstung und Grenzschutz- beamten, Zusammenarbeit mit Agenturen und Einrichtungen (Europol und Eurojust) oder den Ausbau des Informationsaustausches. Die mit der neuen Verordnung einhergehende Umbenennung von Frontex in „Agentur für die Grenz- und Küstenwache" spiegelt die Mandatserweiterung wider. Die jüngste Mandatserweiterung erfolgte im Jahr 2019. Insgesamt dient das unionsrechtlich determinierte Mandat der Agentur dem Außengrenzschutz – und damit auch der Überwachung von Migration und nicht der → See- notrettung von Asylsuchenden. Im Rahmen operativer Maßnahmen, also z. B. bei einem Grenzüberwachungseinsatz auf dem Mittelmeer, kann es sich ergeben, dass beteiligte Einsatzkräfte Kenntnis von einem Seenotrettungs- fall erhalten oder per Schiff einem Seenotrettungsfall begegnen. Für diese Szenarien betont die Seeaußengrenzen-VO (Verordnung [EU] Nr. 656/2014), dass die völkerrechtliche Pflicht zur Seenotrettung auch im Rahmen von operativen Frontex-Einsätzen gilt (vgl. Art. 9 der Verordnung; → Wie definiert das Europarecht den Begriff der Seenot?), genauso wie der Schutz der Grundrechte und der → Grundsatz der Nichtzurückweisung (Art. 4 der Verordnung; → Was beinhaltet der Grundsatz der Nichtzurückweisung?).

Je weitreichender das Mandat der Agentur ist, umso größer ist das Risiko für Menschenrechtsverletzungen im Rahmen ihrer operativen Einsätze. Dennoch ist eine gerichtliche Kontrolle von etwaigen Rechtsverstößen der Agentur kaum möglich, obwohl die Agentur eigene Rechtspersönlichkeit besitzt (vgl. Art. 93 Abs. 1 VO [EU] Nr. 2019/1896), da die Verfahren vor dem Europäischen Gerichtshof nur unter den europarechtlich normierten (engen) Voraussetzungen zulässig sind.[132]

Die Agentur steht seit mehreren Jahren in der Kritik, bei ihren Einsät- zen gegen fundamentale Menschenrechte zu verstoßen. Im Bereich der Seeaußengrenze zwischen Griechenland und der Türkei (Ägäis) ziehen grie-

---

132   Rudolf Geiger/Daniel-Erasmus Khan/Markus Kotzur/Lando Kirchmair/Nassim Madji- dian, AEUV, 7. Auflage, München: C. H. Beck 2023, Art. 77 Rn. 9.

chische Grenzschutzkräfte Medienberichten zufolge Asylsuchende zurück aufs offene Meer. Führungskräfte von Frontex sollen diese → Pushbacks absichtlich vertuscht haben und den eigenen Menschenrechtsbeauftragten der Agentur die Arbeit nachhaltig erschwert haben, wie u. a. ein interner Bericht der europäischen Antikorruptionsbehörde OLAF aufzeigt.

Linktipps | Die investigativjournalistische Plattform Lighthouse Reports hat das Vorgehen von Frontex kürzlich unter dem Titel „Frontex, The EU Pushback Agency" aufgedeckt. Zu finden sind die Ergebnisse der journalistischen Arbeit unter: https://www.lighthousereports.nl/inv estigation/frontex-the-eu-pushback-agency/. Darüber hinaus berichtet Lighthouse Reports seit langem über das Vorgehen von Frontex im Mittelmeerraum. Erwähnenswert sind die folgenden Beiträge: Frontex Chapter I: Frontex in the Central Mediterranean, abrufbar unter: https: //www.lighthousereports.nl/investigation/frontex-in-the-central-medit erranean/, Frontex Chapter II: Complicit in pushbacks, abrufbar unter: h ttps://www.lighthousereports.nl/investigation/frontex-chapter-ii-comp licit-in-pushbacks/ sowie Frontex Chapter III: Agency in turmoil, abrufbar unter: https://www.lighthousereports.nl/investigation/frontex-c hapter-iii-agency-in-turmoil/. Darüber hinaus gibt es einen investigativjournalisitischen Beitrag, der generell die Rolle der EU bei der externalisierten Migrationskontrolle beleuchtet: https://www.lighthouserep orts.nl/investigation/central-mediterranean/. Detailliert lassen sich die Vorwürfe gegen Frontex in folgendem Bericht nachlesen: Frontex and pushbacks: obligations and accountability, abrufbar unter: https://www .commissie-meijers.nl/wp-content/uploads/2021/09/cm2105_frontex_a nd_pushbacks.pdf. Das Frontex Management Board hat seine eigene Darstellung wiederum in einem online abrufbaren Bericht von März 2021 dargelegt: Frontex Management Board Working Group, Fundamental Rights and Legal Operational Aspects of Operations in the Aegean Sea: Final Report of the Frontex Management Board Working Group, abrufbar unter: https://fragdenstaat.de/en/documents/8940-man agement-working-group/. Zu der Rolle Frontex' im Zusammenhang mit dem Schiffsunglück von Crotone (Februar 2023) siehe https://www.ligh thousereports.com/investigation/the-crotone-cover-up/.

In welcher Form können europäische Staaten zivile Rettungsmissionen unterstützen?

Staatliche Unterstützung von zivilen Seenotrettungsmissionen oder suprastaatliches Engagement (durch internationale Organisationen oder die Europäische Union) kann auf unterschiedlichen Wegen erfolgen, z. B. finanziell, moralisch oder im Wege administrativer Unterstützung. Unterschieden werden kann zwischen unterstützenden Maßnahmen auf EU-Ebene, durch → Flaggenstaaten, durch Hafenstaaten und durch andere europäische Staaten. Eine Sonderrolle kommt Städten oder Lokalpolitiker:innen zu. Eine Unterstützung ziviler Seenotrettungseinsätze scheint insgesamt von den politischen Mehrheitsverhältnissen in den entsprechenden Regierungen europäischer Staaten abzuhängen. Bei Unterstützungsmaßnahmen kann in rechtlicher Hinsicht zwischen rechtlich zwingenden Maßnahmen, im Ermessen der Staaten liegenden Maßnahmen und gänzlich freiwilligen Maßnahmen unterschieden werden.

Eine moralische Unterstützung ist in Form von medialen Bekenntnissen und Begrüßung von Seenotrettungseinsätzen ziviler Organisationen denkbar. Sie findet, allenfalls vereinzelt, durch Politiker:innen statt. In finanzieller Hinsicht könnte man, sofern es die politischen Mehrheiten zulassen, über eine staatliche Finanzierung ziviler Seenotrettungsmissionen nachdenken. Eine punktuelle finanzielle Unterstützung erfolgte in der Vergangenheit in Deutschland z. B. im Wege von Städtepatenschaften. Im November 2022 hat der Haushaltsausschuss des Bundestages entschieden, das Bündnis ziviler Seenotrettungsorganisationen in Deutschland, United4Rescue, mit jährlich 2 Millionen Euro zu unterstützen.[133] In administrativer Hinsicht kann eine Unterstützung ziviler Seenotrettungseinsätze auf unterschiedlichem Wege erfolgen. Soweit es um Belange von deutschen NGOs geht, deren Schiffe unter deutscher Flagge fahren, stellen sich administrative Fragen in Bereichen des Vereins- und Gemeinnützigkeitsrechts, aber auch im Kontext des Flaggen- und Schiffssicherheitsrechts.

---

133   https://united4rescue.org/de/presse/pressemitteilungen/bundesregierung-untersteuetz
t-united4rescue/ (zuletzt abgerufen am 02.02.2023). Eine Auszahlung der Mittel steht (Stand 23.06.2023) noch aus, siehe auch https://www.spiegel.de/politik/deutsc
hland/annalena-baerbock-in-der-kritik-auswaertiges-amt-blockiert-millionenhilfe-fue
r-zivile-seenotretter-a-a4797f76-524c-4a7c-bcb1-d59dfaa9939a (zuletzt abgerufen am
06.07.2023).

Mittelmeeranrainerstaaten wie Italien, Malta und ggf. auch Frankreich und Spanien können zivile Seenotrettungseinsätze dadurch unterstützen, dass sie ihre Pflicht zur Koordinierung von Seenotrettungseinsätzen ernst nehmen und den Schiffen zeitnah einen → sicheren Ort zur Ausschiffung von aus Seenot geretteten Menschen zuweisen.

Alle EU-Mitgliedstaaten können zivile Seenotrettungseinsätze unterstützen, indem sie den Mittelmeeranrainerstaaten unbürokratische Aufnahmezusagen für → Migrant:innen erteilen und damit die Aufnahme- und Koordinierungsbereitschaft von Küstenstaaten steigern.

Die Europäische Kommission hat im September 2020 im Rahmen ihrer Legislativvorschläge für eine Reform des europäischen Asyl- und Migrationsrechts die EU-Mitgliedstaaten dazu aufgefordert, bei Such- und Rettungsaktionen ziviler Seenotrettungs-NGOs „untereinander zusammenarbeiten, um die Zahl der Todesfälle auf See zu verringern, die Schiffsverkehrssicherheit zu gewährleisten und ein wirksames Migrationsmanagement im Einklang mit den einschlägigen rechtlichen Verpflichtungen sicherzustellen."[134] Das Dokument in Bezug auf Seenotrettungseinsätze privater Organisationen lässt den Schluss zu, dass die EU-Kommission die Rechtspflicht zur Seenotrettung und auch das Engagement ziviler Organisationen einerseits anerkennt, andererseits aber auch Belange des „Migrationsmanagements" in den Vordergrund stellt sowie Regulierungsbedarf auf dem Gebiet des Schiffssicherheitsrechts betont.

Linktipps | Die von der EU-Kommission im Jahr 2020 veröffentlichten Reformvorschläge (New Pact on Migration and Asylum) sind hier abrufbar: https://eur-lex.europa.eu/legal-content/DE/TXT/HTML/?uri=C ELEX:52020DC0609. Im November 2022 veröffentlichte die EU-Kommission einen Aktionsplan für das zentrale Mittelmeer, der u. a. eine verstärkte Zusammenarbeit mit Drittländern, aber auch innerhalb der EU-Mitgliedstaaten zur Koordinierung von Seenotrettung und der Verteilung von aus Seenot geretteten Menschen einfordert, abzurufen unter: https://home-affairs.ec.europa.eu/eu-action-plan-central-mediterra nean_en.

---

134   S. Empfehlung (EU) 2020/1365 der Kommission vom 23.09.2020, ABl. L 317/23.

In welcher Form regulieren oder beschränken europäische Staaten zivile Rettungseinsätze?

NGOs kreiden in ihrer Berichterstattung regelmäßig staatliche Restriktionen von zivilen Seenotrettungseinsätzen an. Sowohl Flaggen- als auch Küstenstaaten verfügen über rechtliche Instrumentarien, Seenotrettungseinsätze ziviler Organisationen zu regulieren oder zu verhindern. In den letzten Jahren haben sich zwei verschiedene Wege der staatlichen Regulierung von Seenotrettungseinsätzen herauskristallisiert. Diese von den NGOs als Repression oder Restriktion betitelten Maßnahmen betreffen innerhalb der Regelungsbereiche des Flaggenstaates insbesondere die Zulassung und Registrierung von Schiffen. Küstenstaaten wie Malta und Italien haben sich zweier verschiedener rechtlicher Instrumente bedient. So hat es in der Vergangenheit in Malta und Italien eine Reihe von Strafverfahren gegen Seenotretter:innen gegeben. In Italien ist aktuell (Stand: 23.06.2023) ein Verfahren gegen die Crew der IUVENTA anhängig. Die IUVENTA ist ein Schiff der deutschen NGO Jugend Rettet, das zwischen 2016 und 2017 im Einsatz war. Italienische Behörden stellten das Schiff am 1. August 2017 unter Arrest. Ein weiterer Fall, der medial viel Beachtung fand, betrifft die Einfahrt der Sea-Watch 3 unter der Kapitänin Carola Rackete. Das daraus resultierende strafrechtliche Ermittlungsverfahren gegen sie wurde jedoch bereits rechtskräftig eingestellt. Auf Malta verurteilte ein maltesisches Gericht den Kapitän Claus-Peter Reisch, Kapitän des Seenotrettungsschiffs Lifeline, zu einer hohen Geldstrafe aufgrund des Vorwurfs, ein nicht ordnungsgemäß registriertes Boot in maltesische Gewässer gesteuert zu haben. Erst in zweiter Instanz sprach ihn das Berufungsgericht frei.

Ein zweites Mittel, mit dem NGO-Einsätze reguliert werden können, entstammt dem Schiffssicherheitsrecht. Sowohl Flaggen- als auch Küstenstaaten verfügen über die Möglichkeit, sog. unternormige Schiffe, also solche Schiffe, die die entsprechenden rechtlichen Standards in Bezug auf Schiffssicherheit, Arbeitsschutz oder die Meeresumwelt nicht erfüllen, an der Ausfahrt zu hindern, indem sie die Schiffe per Festhalteanordnungen festsetzen. Grundsätzlich obliegt die Zulassung und Kontrolle von Schiffen dem Flaggenstaat (→ Welche Regeln gelten für Flaggenstaaten?). Flaggenstaaten wie die Niederlande und Deutschland haben in der Vergangenheit versucht, die Ausfahrt von Schiffen durch Verschärfungen des Schiffssicherheitsrechts zu verbieten. In den Niederlanden hatte das Ministerium für Infrastruktur und Wasserwirtschaft 2019 deutlich strengere Sicherheitsbestimmungen für NGO-Schiffe erlassen.[135] Diese Verschärfung hat dazu beigetragen, dass deutsche Seenotrettungsorganisationen ihre Schiffe vermehrt unter deutscher Flagge registrieren ließen. Das deutsche Bundesverkehrsministerium verschärfte im Jahr 2020 die Schiffssicherheitsverordnung, welche die zu erfüllenden Sicherheitsanforderungen für Schiffe unter deutscher Flagge festschreibt. Interne Dokumente aus dem Ministerium lassen die Auffassung zu, dass es dem Ministerium dabei gerade nicht um die Schiffssicherheit ging, sondern um eine Erschwerung von Rettungseinsätzen.[136]

Von einer Erschwerung ziviler Seenotrettungseinsätze kann auch dann ausgegangen werden, wenn europäische Staaten oder Organe der Europäischen Union Drittstaaten wie Libyen finanziell oder durch Infrastruktur unterstützen. Eine Behinderung ziviler Seenotrettung findet dann statt, wenn Drittstaaten Einsätze ziviler Seenotrettungsorganisationen zu unterbinden versuchen und dabei von europäischen Staaten unterstützt werden. So berichten alle NGOs von Konfrontationen mit libyschen Sicherheitskräften auf See, bei denen teilweise Schüsse fielen oder die libyschen Kräfte versucht haben, den Seenotrettungseinsatz durch NGOs zu verhindern, indem sie – wie in einem Wettrennen – Menschen auf Schlauchbooten vor den NGOs an Bord nehmen wollten (→ Was sind Pullbacks?). Problematisch ist dabei, dass gerade die Ausbildung der libyschen Küstenwache Gegenstand des Mandats der EU-Militärmissionen ist.[137] Der Deutsche Bundestag hat im April 2022 seine Zustimmung zur Mandatsverlängerung der Mission Irini erteilt. Die umstrittene Ausbildung der libyschen Küstenstreitkräfte ist darin jedoch nicht mehr vorgesehen.

Filmtipp | Der Dokumentarfilm IUVENTA aus dem Jahr 2018 behandelt die Missionen der NGO Jugend Rettet, die mit dem Schiff Iuventa im

---

135   https://taz.de/Urteil-in-den-Niederlanden/!5593561/ (zuletzt abgerufen am 02.02.2023).

136   Vera Keller/Nassim Madjidian/Florian Schöler, Wenn der Vorhang fällt. NGO-Schiffe im Mittelmeer und ein fragwürdiges Rechtsstaatsverständnis des Verkehrsministeriums, abzurufen unter: https://verfassungsblog.de/wenn-der-vorhang-faellt/ (zuletzt abgerufen am 02.02.2023).

137   Zu beachten ist, dass das Parlament der Europäischen Union am 11. Juli 2023 den Entwurf einer Resolution zur Notwendigkeit von EU-Maßnahmen zur Suche und Rettung im Mittelmeer eingebracht hat (https://www.europarl.europa.eu/doceo/docu ment/B-9-2023-0342_EN.html, zuletzt aufgerufen am 17. Juli 2023), welcher die Kommission auffordert, insbesondere auch die finanzielle Unterstützung der „libyschen Küstenwache" zu stoppen.

Mittelmeer unterwegs war, um Flüchtlinge aus Seenot zu retten. Die NGO wurde dann verdächtigt, mit Schleusern zusammenzuarbeiten, und ihr Schiff festgesetzt. Der Dokumentarfilm Route 4 aus dem Jahr 2021, der in Kooperation mit der NGO Sea-Eye und dem Mennonitischen Hilfswerk entstanden ist, behandelt die europäische „Flüchtlingskrise" und den Weg der Migrant:innen aus Afrika nach Europa.

Was ist das System der Hafenstaatkontrolle?

Küstenstaaten verfügen über das Recht, sog. → Hafenstaatkontrollen (Englisch:„Port State Control, PSC") durchzuführen. Es handelt sich dabei um die Überprüfung von Schiffen unter fremder Flagge durch die Hafenbehörden eines Hafenstaates, um festzustellen, ob das Schiff den (völker-)rechtlichen Anforderungen entsprechend betrieben wird. Hafenstaatkontrollen haben ihre Rechtsgrundlagen neben dem Völkerrecht u. a. im Europarecht. Das Regime der Hafenstaatkontrolle beruht in Europa auf einer Absprache von 27 Staaten in Form des Paris Memorandum of Understanding (Paris MoU). Für EU-Mitgliedstaaten gilt das Rechtsregime der Hafenstaatkontrolle in Form der Richtlinie 2009/16/EG (PSC-RL) in den geänderten Fassungen. Ziel ist es, mittels einer regelmäßigen Kontrolle von Schiffen und unter Anwendung eines einheitlichen Kontrollumfangs die jeweiligen internationalen Rechtsvorschriften durchzusetzen. Die PSC-RL erlaubt es also, dass die Hafenbehörden von EU-Mitgliedstaaten einlaufende Schiffe in regelmäßigen Abständen einer Kontrolle unterziehen, bei der Zeugnisse und der Zustand des Schiffes überprüft werden. Grundsätzlich handelt es sich hierbei um übliche und wichtige Kontrollmechanismen, die dem Hafenstaat gegenüber einem unter fremder Flagge fahrenden Schiff zur Verfügung gestellt werden. Denn oft nehmen die → Flaggenstaaten ihre Verantwortung, die Einhaltung der Standards zu gewährleisten, nur unzureichend wahr (insbesondere im Falle sog. *flags of convenience*).[138] Das Instrument der Hafenstaatkontrolle stellt daher eine Ausnahme vom Grundsatz der Verantwortlichkeit des Flaggenstaates zur Kontrolle seiner Schiffe dar. Bei den zu überprüfenden

---

138 König, Flags of Convenience, 2008, in Peters (Hrsg.), Max Planck Encyclopedia of Public International Law, 2021; Mansell, Flag State Responsibility: Historical Development and Contemporary Issues, 2009.

und überprüfbaren Punkten geht es insbesondere um die von der IMO festgelegten Standards, die sich auf Maßnahmen der Schiffssicherheit und des Umweltschutzes beziehen.[139] Hierzu zählen u. a. das bereits erwähnte SOLAS-Übereinkommen sowie das Internationale Übereinkommen von 1973 (nebst Protokoll von 1978) zur Verhütung der Meeresverschmutzung durch Schiffe (Englisch: „International Convention for the Prevention of Pollution from Ships").[140]

Im Detail ist das System der Hafenstaatkontrolle wie folgt aufgebaut: Nach Art. 10 ff. i. V. m. Anhang I, Nr. II. 1 PSC-RL erhalten Schiffe ein eigenes Risikoprofil, auf dessen Grundlage sie in regelmäßigen Zeitabständen (wenige Monate bis mehrere Jahre) einer regulären Hafenstaatkontrolle unterzogen werden.[141] Darüber hinaus können Schiffe auf Grundlage des Art. 11 lit. b i. V. m. Anhang I, Teil II Abschnitt 2 PSC-RL auch bei Vorliegen näher benannter Prioritätsfaktoren oder unerwarteter Faktoren außerhalb des regelmäßigen Turnus kontrolliert werden. Neben dem zeitlichen Faktor der Überprüfungsabstände stehen außerdem verschiedene Detailgrade einer Überprüfung zur Verfügung: Unterschieden wird in Erstüberprüfungen, gründlichere Überprüfungen und erweiterte Überprüfungen.[142] Bei den Erstüberprüfungen handelt es sich um den Regelfall, bei erweiterten Über-

---

139 International Maritime Organization (IMO), Port State Control, https://www.imo.org/en/OurWork/IIIS/Pages/Port%20State%20Control.aspx (zuletzt abgerufen am 16.06.2021). S. allgemein Oya Özçayır, Port State Control, 2. Auflage, London: Informa Law from Routledge 2004.

140 Vgl. aus der jüngeren Literatur etwa Henrik Ringbom, The EU Maritime Safety Policy and International Law, Leiden: Brill | Nijhoff 2008; Iliana Christodoulou-Varotsi, Maritime Safety Law and Policies of the European Union and the United States of America: Antagonism or Synergy?, Berlin: Springer 2009; Michael Höltmann, Schiffssicherheit und Meeresumweltschutz in der EU nach Erika und Prestige. Die Vereinbarkeit der Gesetzesmaßnahmen der EU mit dem internationalen Seerecht, Baden-Baden: Nomos 2012; Md Saiful Karim, Prevention of Pollution of the Marine Environment from Vessels. The Potential and Limits of the International Maritime Organisation, Berlin: Springer 2015; Nora Windemuth, Meeresverschmutzung durch den internationalen Seeverkehr. Ausweitung staatlicher Kontroll- und Interventionsrechte zum Schutz der Meeresumwelt, Frankfurt am Main: Peter Lang 2011; Tina Ines Schmidt, Sicherheitsvorschriften für „Traditionsschiffe" auf See. Zugleich ein Beitrag zum Anwendungsbereich internationaler Schiffssicherheitsregelungen und deren Umsetzung ins innerstaatliche Recht, Berlin: Duncker & Humblot 2019.

141 Die Risikoprofile einzelner Schiffe sowie getroffene Maßnahmen wie Festsetzungen sind online auf der Webseite des Paris MoU einsehbar: https://www.parismou.org/inspection-search/inspection-search (zuletzt abgerufen am 16.06.2021).

142 Art. 13, 14 PSC-RL.

prüfungen um die Ausnahme, die nur bei Schiffen mit erhöhtem Risikoprofil durchgeführt wird.

Stellt der Hafenstaat im Rahmen der Überprüfung Mängel fest, so kann er ausländische Schiffe demnach primär zur Behebung dieser Mängel auffordern und sie bei Bedarf auch im Hafen festsetzen.[143]

Inwiefern hat die italienische Regierung SAR-NGOs durch Hafenstaatkontrollen an der Durchführung von SAR-Operationen gehindert?

Solche Festsetzungen fanden, wie eingangs erwähnt, systematisch eingesetzt gegen SAR-NGO-Schiffe statt. Vor allem in den Jahren 2020 und 2021 kam es vermehrt zu Festsetzungen, u. a. mit dem Vorwurf, dass die Schiffe keine ihrer Tätigkeit als Rettungsschiffe entsprechenden Zeugnisse vorwiesen.[144] Aus der Praxis, insbesondere dem Jahr 2020, gibt es u. a. diese Beispiele: Im Jahr 2020 wurde das Schiff Aita Mari der spanischen NGO Salvamento Marítimo Humanitario[145], die Ocean Viking der Organisation SOS Méditerranée[146], die Schiffe Sea-Watch 3[147] und Sea-Watch 4[148] des gleichnamigen deutschen Vereins sowie zweimal die Alan Kurdi des deutschen Vereins Sea-Eye wegen behaupteter technischer Mängel festgesetzt.[149]

Für die Verfolgung des Festsetzungsinteresses entwarf Italien eine eigene Rechtsauffassung, wonach NGO-Schiffe von ihrem → Flag-

---

143 Section 3 Paris MoU; Art. 19 II PSC-RL; auch Erik J. Molenaar, Port State Jurisdiction, 2021, in: Anne Peters (Hrsg.), Max Planck Encyclopedia of Public International Law, 2021, Rn. 6.

144 S. dazu IMO, Port State Control, 2021, https://www.imo.org/en/OurWork/IIIS/Pages/Port%20State%20Control.aspx (zuletzt abgerufen am 16.06.2021); Giansandro Merli, Behind Italy's ,administrative detention' of refugee rescue vessels, il manifesto, 27.4.2021, https://global.ilmanifesto.it/how-italy-closed-its-ports-and-blocked-the-refugees/ (zuletzt abgerufen am 16.06.2021).

145 Notice of Detention der Hafenstaatkontrollbehörde in Palermo vom 06.05.2020 (diese sowie die nachfolgend zitierten Unterlagen liegen den Autorinnen vor).

146 Report of inspection der Hafenstaatkontrollbehörde in Porto Empedocle vom 22.07.2020.

147 Notice of detention der Hafenstaatkontrollbehörde in Porto Empedocle vom 08.07.2020.

148 Report of inspection der Hafenstaatkontrollbehörde in Palermo vom 19.09.2020.

149 Notice of detention der Hafenstaatkontrollbehörde in Palermo vom 05.05.2020; Notice of detention der Hafenstaatkontrollbehörde in Olbia vom 09.10.2020.

genstaat nicht ordnungsgemäß klassifiziert und zertifiziert worden
seien. Nach den Vorschriften des Flaggenstaates handele es sich um
Frachtschiffe (sog. *cargo ships*), tatsächlich würden die Schiffe aber als
Seenotrettungsschiffe eingesetzt, da sie systematisch Seenotrettungen
durchführen. Mit dieser fehlerhaften Klassifizierung und Zertifizierung
gehe einher, dass auch die Ausrüstung der Schiffe nicht deren tatsäch-
lichem Zweck entspreche. Die Schiffe seien nicht ausgestattet für die
große Anzahl an Menschen, die sich nach Rettungseinsätzen an Bord
befänden. Es müsse daher eine neue Klassifizierung und Zertifizierung
als SAR-NGO-Schiff vorgenommen und die Schiffe entsprechend um-
gerüstet werden. Insbesondere ging es dabei um eine behauptete nicht
hinreichende Kapazität der Sanitär- und Abwasseranlagen gem. Anlage
IV MARPOL sowie „allgemeine Sicherheitsbedenken" im Hinblick auf
SOLAS.[150]

Haben sich SAR-NGOs gegen die Festsetzungen im Rahmen der Hafenstaatkontrollen gewehrt?

Als Antwort auf das systematische Vorgehen gegen NGOs durch → Hafenstaatkontrollen leiteten mehrere SAR-NGOs zunächst verwaltungsgericht-
liche Verfahren ein, welche in zwei Fällen dem EuGH zur Vorabentscheidung
nach Art. 267 AEUV vorgelegt wurden.[151] Die nationalen Rechtsstreitigkei-
ten bestanden zumeist zwischen der jeweiligen NGO und dem italienischen
Ministerium für Infrastruktur und Verkehr (Ministero delle Infrastrutture

---

150   Bachstein, Seenotrettungsverein Sea-Eye verklagt Italiens Behörden, Süddeutsche
      Zeitung, 05.08.2020, https://www.sueddeutsche.de/politik/seenotrettung-see-eye-italie
      n-1.4990485-2 (zuletzt abgerufen am 16.06.2021).
151   Request for a preliminary ruling from the Tribunale Amministrativo Regionale per la
      Sicilia (Italy) lodged on 8 January 2021 — Sea Watch E. V. v Ministero delle Infrastrutture
      e dei Trasporti, Capitaneria di Porto di Palermo (Case C-14/21), https://eur-lex.europa.e
      u/legal-content/EN/TXT/PDF/?uri=CELEX:62021CN0014&from=ES (zuletzt abgerufen
      am 18.05.2021); Request for a preliminary ruling from the Tribunale Amministrativo Re-
      gionale per la Sicilia (Italy) lodged on 8 January 2021 – Sea Watch E. V. v Ministero delle
      Infrastrutture e dei Trasporti, Capitaneria di Porto di Porto Empedocle (Case C-15/21, h
      ttps://curia.europa.eu/juris/document/document.jsf;jsessionid=A9BECD18D263B57A4
      652ABA825ABF516?text=&docid=239109&pageIndex=0&doclang=en&mode=doc&dir
      =&occ=first&cid=711359 (zuletzt abgerufen am 18.05.2021).

e dei Trasporti) sowie den jeweiligen Hafenkapitän:innen (Capitaneria di Porto).

Gegen Festhalteverfügungen kann grundsätzlich auf verschiedene Weise Rechtsschutz gesucht werden: Zunächst muss der nationale Rechtsweg des Hafenstaates beschritten werden, um ein verbindliches Urteil zu erwirken.[152] Es ist anzumerken, dass Rechtsschutz gegen die Festhalteverfügungen keine aufschiebende Wirkung für den Verwaltungsakt (die Festhalteverfügung) hat und die Schiffe daher bis zur (vorläufigen) Entscheidung durch die Gerichte an der Weiterfahrt gehindert bleiben.[153] Wenn kein unmittelbarer Rechtsschutz gewünscht ist, kann durch den → Flaggenstaat oder eine vom Flaggenstaat anerkannte Klassifikationsgesellschaft das Detention Review Panel unter dem Paris MoU angerufen werden. Dieses gibt seine Einschätzung zu den „procedural and technical aspects of the inspection" ab.[154] Die vom Review Panel geäußerte Auffassung ist allerdings nicht rechtsverbindlich, weshalb darauf vertraut werden muss, dass der Hafenstaat ihr Folge leistet. Das Review Panel wurde bisher nur ein einziges Mal von einer SAR-NGO angerufen, nämlich der spanischen NGO Salvamento Marítimo Humanitario wegen der Festsetzung der Aita Mari. Der klassisch beschrittene Weg ist jedoch derjenige vor den nationalen Gerichten des Hafenstaates, der wiederum auch zu einem rechtlich verbindlichen Urteil führt. Dies haben einige NGOs getan, woraufhin die nationalen Gerichte den EuGH angerufen haben. Denn bei unionsrechtlich relevanten Fällen können die nationalen Gerichte nach Art. 267 AEUV die für den Fall entscheidenden Fragen dem Europäischen Gerichtshof (EuGH) zur Vorabentscheidung vorlegen. Dieser beantwortet die gestellten Fragen zur Auslegung des Unionsrechts. In der Zwischenzeit wird der national behandelte Fall pausiert und nach Beantwortung der unionsrechtlichen Auslegungsfragen durch den EuGH von dem jeweiligen nationalen Gericht entschieden. Die rechtlichen Streitfragen, die zur Entscheidung des Falles für die nationalen Gerichte von Relevanz waren, bewegten sich innerhalb der PSC-RL. Aus diesem Grund war es entscheidend, vom EuGH eine einheitliche Auslegung zu erlangen.

---

152 S. Paris MoU, National Appeal Procedures, 2021, https://www.parismou.org/inspections-risk/appeal-procedure/national-appeal-procedures (zuletzt abgerufen am 16.06.2021).

153 S. Paris MoU, Detention Review Panel Procedure, 2021, https://www.parismou.org/inspections-risk/appeal-procedure/detention-review-panel-procedure (zuletzt abgerufen am 16.06.2021).

154 Ibid.

Wie hat sich der EuGH zu Italiens systematischem Einsatz der Hafenstaatkontrolle gegen SAR-NGO-Schiffe geäußert?

Am 1. August 2022 veröffentlichte der EuGH seine Vorabentscheidung in den zuvor erwähnten zusammengeführten Verfahren und legte damit Maßstäbe für die Auslegung der europäischen Hafenstaatrichtlinie fest, die Hafenstaaten zukünftig bei der Kontrolle von NGO-Schiffen beachten müssen.[155] Er bestätigte, dass die Ausstellung von Zeugnissen zu der Domäne des → Flaggenstaates gehöre und (italienische) Hafenbehörden nicht verlangen dürften, dass der Flaggenstaat andere als die vorhandenen Zeugnisse ausstelle. Gleichwohl dürfe Italien die NGO-Schiffe einer häufigeren und detaillierteren Überprüfung unterziehen, wenn aufgrund einer entsprechenden Tatsachengrundlage erkennbar bzw. zu vermuten sei, dass das Schiff eine Gefahr für die Sicherheit auf See, den Arbeits- oder den Meeresumweltschutz darstelle.

---

155 S. EuGH-Urteil vom 01.08.2022, Vorabentscheidungsersuchen im sog. Sea-Watch-Verfahren, verbundene Rs. C14/21 und C15/21, ECLI:EU:C:2022:604. Dazu Nassim Madjidian, Seenotrettung vor dem EuGH – Seenotrettungsorganisationen wehren sich gegen die Festsetzung ihrer Schiffe, Verfassungsblog vom 30.08.2022, abzurufen unter: https://verfassungsblog.de/seenotrettung-vor-dem-eugh/ (zuletzt abgerufen am 02.02.2023).

Efthymios (Akis) Papastavridis, Sea Watch cases before the EU Court of Justice: An analysis of International Law of the Sea, Dezember 2022, abrufbar unter: https://eumigrationlawblog.eu/sea-watch-cases-before-the-eu-court-of-justice-an-analysis-of-international-law-of-the-sea/.

Was versteht man unter Pushbacks?

„Pushback" ist kein juristischer Begriff. Der auch im Deutschen gebräuchliche englische Begriff (*to push back* = zurückdrängen oder zurückschieben) beschreibt vielmehr eine Vielzahl von meist staatlichen Maßnahmen, mit denen → Migrant:innen an der Einreise in ein Staatsgebiet gehindert werden oder, falls sie bereits eingereist sind, wieder zurückgeschoben werden, ohne dabei ein rechtsstaatliches Verfahren einzuhalten, bspw. in Form von rechtlichem Gehör oder der ernsthaften Prüfung von Schutz- und Asylgründen. Pushbacks finden seit einiger Zeit immer häufiger an den EU-Außengrenzen statt, sowohl an Land als auch auf See. (Aktuelle) Beispiele für → Pushbacks an Land stammen u. a. von der polnisch-belarussischen Grenze, wo polnische Grenzschützer Migrant:innen zurückdrängen.[156] Auf See gibt es regelmäßig Berichte über Pushbacks durch griechische Küstenstreitkräfte und unter Dokumentation dieser rechtswidrigen Pushbacks durch Frontex-Einsatzkräfte. Berichten zufolge sollen in Griechenland sogar Asylsuchende dazu gezwungen worden sein, andere Migrant:innen an der Grenze zurückzudrängen.[157]

Die Begriffe → Pushback und → Pullback werden oft nicht klar voneinander abgegrenzt. Grundsätzlich werden Operationen, die von libyschen Einsatzkräften ausgehen, als Pullback-Operationen bezeichnet (*to pull back* = zurückziehen). Maßnahmen, die auf das aktive Zurückdrängen der Migrant:innen zielen, z. B. durch staatliche Schiffe europäischer

---

156 https://www.zeit.de/politik/ausland/2021-10/polen-proteste-pushbacks-migranten-grenze-belarus (zuletzt abgerufen am 02.02.2023).

157 https://www.tagesschau.de/ausland/europa/griechenland-fluechtlinge-pushbacks-103.html (zuletzt abgerufen am 02.02.2023).

Staaten, gelten als Pushback-Operationen.[158] Das Hirsi-Jamaa-Urteil des EGMR im Jahr 2012 gilt dabei als Wendepunkt der europäischen Zurückschiebungspraxis und dem sich daraufhin etablierenden Trend, vermehrt mit Drittstaaten zu kooperieren (→ Worum ging es in dem EGMR-Verfahren „Hirsi Jamaa und andere gegen Italien" aus dem Jahr 2012?). Die Kooperation mit Libyen[159] umfasst z. B. die Bereitstellung von Einsatzmitteln, die Ausbildung der Küstenwache sowie die Bereitstellung von Daten (z. B. Informationen über Abfahrten). Diese Maßnahmen führen dazu, dass Migrant:innen durch libysche Stellen vor der libyschen Küste abgefangen und davon abgehalten werden, nach Europa zu reisen. Um diesem Umstand sprachlich und konzeptuell gerecht zu werden, spricht man teilweise auch von „pushbacks by proxy" („Pushbacks durch Stellvertretung").[160] Sind private Akteure, z. B. Handelsschiffe, an der Rückführung von Migrant:innen nach Libyen beteiligt, so spricht man auch von „privatized pushback operations".[161]

In völkerrechtlicher Hinsicht verstoßen Pushbacks regelmäßig gegen das → Refoulement-Verbot (→ Was beinhaltet der Grundsatz der Nicht-zurückweisung?) sowie gegen das Verbot der Kollektivausweisung (→ Worum ging es in dem EGMR-Verfahren „Hirsi Jamaa und andere gegen Italien" aus dem Jahr 2012?, → Was beinhaltet das menschenrechtliche Verbot der Kollektivausweisung?). Der EGMR hat seine viel Beachtung gefundene Hirsi-Entscheidung mittlerweile – unter erheblicher Kritik – relativiert. In der Entscheidung N. D. und N. T. gegen Spanien (→ Welche Rechtsauffassung hat der EGMR in dem Fall „N. D. und N. T. gegen Spanien" im Zusammenhang mit dem Verbot der Kollektivausweisung vertreten?) urteilte der Menschenrechtsgerichtshof in zweiter Instanz

---

158 Wissenschaftliche Dienste des deutschen Bundestags, Ausarbeitung: Seenotrettung durch nicht-staatliche Akteure im rechtlichen Spannungsfeld zwischen „pull-back"-Operationen der libyschen Küstenwache und dem Refoulementverbot, WD 2 – 3000 – 014/20, 03.03.2020, S. 4, Fn. 1.

159 Jamal Barnes, Torturous journeys: Cruelty, international law, and pushbacks and pullbacks over the Mediterranean Sea, RIS 48 (2022), S. 441, 452.

160 Lena Riemer, From push-backs to pull-backs: The EU's new deterrence strategy faces legal challenge, Juni 2018, Fluchtforschungsblog, abzurufen unter: https://fluchtf orschung.net/blogbeitraege/from-push-backs-to-pull-backs-the-eus-new-deterrence-s trategy-faces-legal-challenge/ (zuletzt abgerufen am 02.02.2023).

161 Vgl. https://forensic-architecture.org/investigation/nivin (zuletzt abgerufen am 02.02.2023).

im Fall von Pushbacks an der spanisch-marokkanischen Landgrenze, dass ein Verstoß gegen das Verbot der Kollektivausweisung (Art. 4 Protokoll Nr. 4 zur EMRK) nicht vorliege – entgegen der zuvor erstinstanzlichen Entscheidung, die einen solchen Verstoß als gegeben ansah. Der UN-Ausschuss für die Rechte des Kindes hatte dahingegen in einem vergleichbaren Fall in einer Entscheidung vom Februar 2019 die spanische Pushback-Praxis scharf verurteilt.[162] Zuletzt erging im Sommer 2022 eine Entscheidung des EGMR im Zusammenhang mit Pushbacks an der Seegrenze. Ein Boot mit Asylsuchenden an Bord war gekentert, nachdem die griechische Küstenwache sich mit sehr hoher Geschwindigkeit dem Boot genähert hatte, womöglich, um dieses in türkische Gewässer zurückzudrängen (siehe Safi und andere gegen Griechenland).[163] Das Gericht stellte in diesem Fall fest, dass griechische Behörden gegen das Recht auf Leben verstoßen sowie das Verbot unmenschlicher Behandlung verletzt haben. Vor dem EGMR sind eine Reihe von Verfahren im Zusammenhang mit widerrechtlichen Zurückweisungen an den Land- und Seegrenzen anhängig.[164]

Linktipp | Lighthouse Reports hat das Vorgehen Griechenlands bei Pushbacks in bisher drei investigativjournalistischen Beiträgen aufgedeckt: https://www.lighthousereports.nl/investigation/pushbacks-chapter-one/.

---

162 Entscheidung CRC/C/80/D/4/2016, abzurufen unter: https://juris.ohchr.org/Search/De tails/2507 (zuletzt abgerufen am 02.02.2023).

163 EGMR, Entscheidung vom 07.07.2022 (Safi und andere gegen Griechenland), Az. 5418/15. Der Gerichtshof konnte in diesem Fall nicht feststellen, ob die griechische Küstenwache die Asylsuchenden tatsächlich zurückschieben wollte, wie von den Antragstellenden behauptet.

164 https://www.ecchr.eu/fall/greece-before-the-european-court-of-human-rights/ (zuletzt abgerufen am 02.02.2023).

Was sind Pullbacks?

To pull back ist ein englisches Verb und bedeutet zu Deutsch „zurückziehen“.
Im Migrationskontext bezeichnet man mit → Pullbacks solche Maßnahmen,
mit denen → Migrant:innen an der Ausreise aus einem (Hoheits-)Gebiet
gehindert werden oder nach einer erfolgten Ausreise, etwa durch ein
Schlauchboot, wieder „zurückgeholt“ bzw. zurückgezogen werden. Auf
der zentralen Mittelmeerroute kommt es regelmäßig zu Pullbacks durch
libysche Küstenstreitkräfte, aber auch durch Schiffe der kommerziellen
Schifffahrt. Migrant:innen werden dabei, oftmals gegen ihren Willen, vor
der libyschen Küste aufgegriffen und zurück nach Libyen verbracht. Vor
dem Europäischen Gericht (EuG) ist ein Rechtsstreit anhängig, mit dem
die Seenotrettungsorganisation Sea-Watch gegen die EU-Agentur Frontex
klagt, um herauszufinden, ob Frontex-Angehörige sich durch die Weitergabe
von Informationen an einem Pullback vor der libyschen Küste im Sommer
2021 beteiligt haben (Rs. Rechtssache T-205/22). Ein weiteres Verfahren ist
vor dem EGMR anhängig. Das Verfahren „S.S. und andere gegen Italien“
betrifft eine Pullback-Situation vor der libyschen Küste. In diesem Fall
trafen das Seenotrettungsschiff der Organisation Sea-Watch sowie ein Schiff
der libyschen Küstenwache fast zeitgleich auf ein Boot in → Seenot mit
Migrant:innen an Bord. In einer wettlaufähnlichen Situation konnte ein
Teil der Migrant:innen das Sea-Watch-Schiff erreichen, der andere Teil
wurde von libyschen Kräften zurück nach Libyen verbracht. Einige Boots-
insassen ertranken.[165] In dem Verfahren vor dem EGMR muss das Gericht
nun entscheiden, ob Italien sich durch die Unterstützung der libyschen
Küstenwache auf Grundlage einer Vereinbarung aus dem Jahr 2017, die u. a.
die Finanzierung, Ausstattung und das Training libyscher Küstenstreitkräfte
vorsieht, menschenrechtswidrig verhalten hat.

---

165   EGMR, Antragsnummer 21660/18. Zusammenfassung und Bewertung bei Moritz Baum-
      gärtel, High Risk, High Reward. Taking the Question of Italy's Involvement in Libyan
      ‚Pullback‘ Policies to the European Court of Human Rights, abrufbar unrer: https://
      www.ejiltalk.org/high-risk-high-reward-taking-the-question-of-italys-involvement-in
      -libyan-pullback-policies-to-the-european-court-of-human-rights/ (zuletzt abgerufen
      am 02.02.2023).

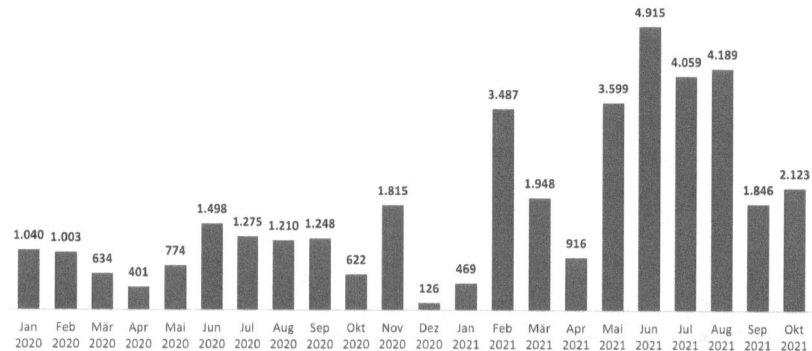

Abb. 5 | Anzahl der von der libyschen Küstenwache geretteten oder abgefangenen Flüchtlinge von Januar 2020 bis Oktober 2021 (eigene Darstellung nach Statistischem Bundesamt/UNHCR, https://de.statista.com/statistik/daten/studie/1240582/umfrage/libys che-kuestenwache-abgefangene-fluechtlinge)

Wie bereits unter der Frage „Was versteht man unter Pushbacks?" erläutert, gibt es teilweise einen fließenden Übergang zwischen → Pushback- und Pullback-Maßnahmen. Bei der rechtlichen Bewertung von Pullbacks müssen v. a. menschenrechtliche, aber auch strafrechtliche Normen berücksichtigt werden. Aus einer menschenrechtlichen Perspektive ist u. a. das Recht auf Ausreise zu berücksichtigen. Das Menschenrecht auf Ausreise ist in verschiedenen völkerrechtlichen Menschenrechtsverträgen anerkannt, etwa in Art. 12 Abs. 2 des UN-Zivilpakts.[166] Libyen ist Vertragspartei des UN-Zivilpakts[167] und damit auch an das Recht auf Ausreise gebunden. Pullbacks können gegen die menschenrechtlichen Verbote der Folter, Sklaverei oder unmenschlichen Behandlung verstoßen, wenn Menschen an Orte verbracht werden, wo, wie im Bürgerkriegsland Libyen, ihr Leben und ihre Sicherheit in Gefahr sind. Die Verbringung an solche Orte kann auch unter einer strafrechtlichen Perspektive untersucht werden (→ Was beinhaltet der Grundsatz der Nichtzurückweisung?).

---

166 S. Übersicht bei Nora Markard, Das Recht auf Ausreise zur See. Rechtliche Grenzen der europäischen Migrationskontrolle durch Drittstaaten, Archiv des Völkerrechts 52.4 (2014), S. 449–494 (S. 456 ff.).

167 https://treaties.un.org/pages/showdetails.aspx?objid=0800000280004bf5 zuletzt abgerufen am 02.02.2023).

Linktipps | Für den am EGMR anhängigen Fall „S. S. und andere gegen Italien" hat das Kollektiv forensic architecture mit Unterstützung von Sea-Watch und den an Bord der Sea-Watch 3 installierten Kameras das Aufeinandertreffen der libyschen Küstenwache und des Sea-Watch-Schiffes minutiös rekonstruiert. Das Video kann unter folgendem Link abgerufen werden: ▶ https://forensic-architecture.org/investigation/seawatch-vs-the-libyan-coastguard.
Über die Lage in Libyen imformiert auch: Marcus Engler, Libyen– ein schwieriger Partner der europäischen Migrationspolitik, Bundeszentrale für politische Bildung, 28.06.2017, abrufbar unter: https://www.bpb.de/themen/migration-integration/kurzdossiers/250481/libyen-ein-schwieriger-partner-der-europaeischen-migrationspolitik/#node-content-title-2.

Was versteht man unter *contactless control?*

Aus menschenrechtlicher Perspektive ist die territoriale Verlagerung des Grenzschutzes und der Migrationskontrolle durch Kooperation mit Drittstaaten, auch Externalisierung genannt, deshalb problematisch, weil mit einer Verlagerung an Drittstaaten auch rechtliche Verantwortlichkeiten für etwaiges menschenrechtswidriges Verhalten ausgelagert werden. Wenn staatliche Organe eines Drittstaates Migrant:innen an der Ausreise in Richtung Europa hindern, sind die für EU-Mitgliedstaaten geltenden Rechtspflichten, z. B. die EMRK, grundsätzlich nicht anwendbar. EU-Mitgliedstaaten sind durch menschenrechtlich verbürgte Garantien nur dann gebunden, wenn sie Hoheitsgewalt ausüben. Man kann sich Hoheitsgewalt als entweder juristischen oder faktischen Nexus zwischen Staat und Individuum vorstellen. Dieser Nexus besteht grundsätzlich immer dann, wenn sich Menschen auf dem Staatsgebiet eines Staates befinden. Bei extraterritorialen Sachverhalten fordert der EGMR in seiner Rechtsprechung, dass dieser Nexus in Form von effektiver Kontrolle *(effective control)* zur Begründung von Hoheitsgewalt besteht (vgl. das EGMR-Urteil Al-Skeini[168]). Effektive Kontrolle wird in der Regel als eine faktische Gegebenheit mit entweder territorialem und/oder persönlichem Bezug beschrieben.

Vereinfacht kann sich die Rechtsprechung des EGMR in Bezug auf extraterritoriale Sachverhalte und die Frage der Ausübung von Hoheitsgewalt in verschiedene Fallgruppen unterteilen lassen:

1. staatliches Handeln, welches sich zwar auf dem Territorium eines EMRK-Mitgliedsstaates abspielt, aber außerhalb des Territoriums des handelnden Staates,
2. staatliches Handeln eines EMRK-Mitgliedsstaates außerhalb des EMRK-Territoriums,
3. staatliches Handeln eines EMRK-Mitgliedsstaates auf seinem eigenen Gebiet, welches Auswirkungen auf dem Staatsgebiet eines anderen Staates hat, sowie
4. Akte internationaler Tribunale, die ihren Sitz im Territorium eines EMRK-Mitgliedsstaates haben.[169]

In extraterritorialen Sachverhalten, wie im Fall „S. S. und andere gegen Italien" (→ Welche Entscheidungen von Menschenrechtsgerichtshöfen oder -ausschüssen spielen für das Seenotrettungsrecht eine Rolle?), stellt sich die Frage, ob und, wenn ja, in welcher Form Hoheitsgewalt in einem Bereich der → Hohen See ausgeübt werden kann. Eine der Vertreter:innen der Beschwerdeführenden, Violeta Moreno-Lax, hat das Konzept der *contactless control* angestoßen. *Contactless control* ist gegenwärtig kein Rechtsbegriff, sondern ein Terminus, der sich begrifflich an das Tatbestandsmerkmal *effective control* anlehnt. Der Kerngedanke, der dem Konzept zugrunde liegt, ist ein funktionelles Verständnis von Kontrolle *(functional control)*, bei welchem es auf die grundsätzliche Ausübung von Staatsgewalt ankommt, in welcher Form auch immer sich diese manifestiert. Hierbei sollen auch politische Strategien, wie etwa die Externalisierung von Migrationskontrolle, einbezogen werden, um so auch bei Nutzung von stellvertretend

---

168   EGMR, Entscheidung vom 07.07.2011 (Al-Skeini und andere gegen Großbritannien), Az. 55721/07, para. 130 f.

169   S. Factsheet des EGMR, Extra-territorial jursidiction of States Parties to the European Convention on Human Rights, Juli 2018, https://www.echr.coe.int/documents/fs_extra-territorial_jurisdiction_eng.pdf (zuletzt abgerufen am 02.02.2023).

handelnden Staaten oder Dritten *(proxies)* Hoheitsgewalt begründen zu können. Es bleibt abzuwarten, ob der EGMR dieser Argumentationslinie folgt oder die Furcht vor einem zu ausufernden Verständnis extraterritorialer Hoheitsgewalt überwiegt.

Literaturtipp | Nachgelesen werden kann die genaue Argumentation von Violeta Moreno-Lax unter Heranziehung des Beispiels „S. S. und andere gegen Italien" in ihrem Aufsatz: Dies., The Architecture of Functional Jurisdiction. Unpacking Contactless Control — On Public Powers, S. S. and Others v. Italy, and the „Operational Model", German Law Journal 21 (2020), S. 385–416.

Ist Seenotrettung strafbar?

Die Pflicht zur → Seenotrettung stellt eine Rechtspflicht des Völkerrechts dar, sie gilt in Deutschland und in vielen anderen Staaten[170] auch kraft einfachgesetzlicher Normierung (→ Kapitel „Der seevölkerrechtliche Rechtsrahmen von Seenotrettung"). In juristischer Hinsicht kann ein Verhalten, das rechtlich verpflichtend ist, nicht gleichzeitig auch einen Straftatbestand erfüllen und strafbar sein.[171] Im Gegenteil: Sollte ein:e Kapitän:in Menschen in Seenot nicht retten oder keine Hilfe leisten, obwohl es möglich ist, macht sie/er sich nach deutschem Strafrecht wegen unterlassener Hilfeleistung strafbar (§ 323 c StGB). Daher kann Seenotrettung als solche nie strafbar sein. Gleichwohl finden wiederholt Strafverfahren gegen Seenotretter:innen statt auf Grundlage des Vorwurfs, → Migrant:innen Beihilfe zur unerlaubten Einreise geleistet zu haben. Diese in den Strafrechtsordnungen der EU-Mitgliedstaaten geregelte Strafvorschrift beruht u. a. auf europäischem Sekundärrecht, vgl. 2002/90/EG, was u. a. die Beihilfe zur unerlaubten Einreise definiert. Dass die in der Richtlinie enthaltene Definition letztlich zu einer Krimi-

---

170   Felicity Attard, The duty of the shipmaster to render assistance at sea under international law, Leiden: Brill | Nijhoff 2020, S. 96 ff. mwN.

nalisierung humanitärer Hilfe wie bspw. Seenotrettung führen kann, zeigen die aktuell und in der Vergangenheit anhängigen Strafverfahren in Malta und Italien. Die EU-Kommission hat vor diesem Hintergrund im Jahr 2020 Leitlinien zur Anwendung der EU-Vorschrift erlassen, mit der sie die Beihilfe zur unerlaubten Einreise definiert (Leitlinien der Kommission, 2020/C 323/01) und festgestellt, dass „die Kriminalisierung von NRO [Nichtregierungsorganisationen] oder anderen nichtstaatlichen Akteuren, die Such- und Rettungseinsätze auf See durchführen und dabei die einschlägigen Vorschriften einhalten, einen Verstoß gegen das Völkerrecht dar[stellt] und [...] daher nach EU-Recht [...] nicht zulässig" ist.

Trotz dieser Klarstellung laufen Seenotretter:innen ziviler Organisationen Gefahr, dass es zu strafrechtlichen Ermittlungen und Strafverfahren gegen sie kommt. Das Strafverfahren gegen drei Mitglieder der Hilfsorganisation Cap Anamur (→ Was geschah mit der Cap Anamur im Jahr 2004?) dauerte mehrere Jahre und endete 2009 mit einem Freispruch vom Vorwurf der Beihilfe zur illegalen Einwanderung in einem besonders schweren Fall. Ihnen drohten vier Jahre Haft und 400.000 Euro Bußgeld.[172] In Malta musste sich der deutsche Kapitän Claus-Peter Reisch einem Gerichtsverfahren stellen, in welchem ihm vorgeworfen wurde, dass das NGO-Schiff Lifeline fehlerhaft registriert worden sei. Der Kapitän wurde in erster Instanz zu einer Geldstrafe verurteilt, die Berufungsinstanz sprach ihn schließlich frei. In dem Ermittlungsverfahren gegen Carola Rackete (→ Welche Regelungen sieht das völkerrechtliche Nothafenrecht vor?, → Welche konkreten Umstände könnten ein Nothafenrecht begründen?) lautete der strafrechtliche Vorwurf auf Missachtung des Verbots des Innenministers, Beihilfe zur illegalen Einwanderung und Gewaltanwendung gegen ein Kriegsschiff. Das Ermittlungsverfahren wurde mittlerweile rechtskräftig eingestellt. Aktuell (Stand: 23.06.2023) stehen Besatzungsmitglieder der IUVANTA, einem Schiff der Organisation Jugend Rettet in Italien vor Gericht. Die gegen die Besatzung erhobenen Anklagen stehen im Zusammenhang

---

171 Ausnahmen von diesem Grundsatz werden unter dem Begriff der „Pflichtenkollision" diskutiert, die hier aber nicht einschlägig ist.

172 https://www.stern.de/panorama/fluechtlingsdrama-vor-italien-freisprueche-im-fall--cap-anamur--3445922.html (zuletzt abgerufen am 02.02.2023).

mit drei verschiedenen Rettungsaktionen, die Anschuldigungen beruhen dabei auf umfangreichen verdeckten Ermittlungen, u. a. wurden Telefonate abgehört sowie das Schiff verwanzt. Die Fallakte umfasst rund 29.000 Seiten. Der Vorwurf der Staatsanwaltschaft lautet, dass sich die beschuldigten Seenotretter:innen mit Menschenhändler:innen zur Übergabe von Migrant:innen auf dem Mittelmeer verabredet haben sollen. Teilweise sollen Crewmitglieder sogar Boote und Rettungswesten zurückgegeben haben.[173] Auf der Internetseite https://iuventa-crew.org/de/case widerlegen die Crewmitglieder diese Vorwürfe mithilfe einer Rekonstruktion der Rettungseinsätze.

Neben der Anklage von zivilen Seenotretter:innen kam es in der Vergangenheit auch zu Strafverfahren gegen italienische oder nordafrikanische Fischer:innen, die aus Seenot gerettete Migrant:innen nach Italien gebracht hatten. Am 8. August 2007 retteten zwei tunesische Kapitäne mit ihren Fischerbooten 44 Schiffbrüchige und brachten sie entgegen den Befehlen der italienischen Behörden in den Hafen von Lampedusa. Daraufhin wurden die Crews der Fischerboote verhaftet und ihre Boote konfisziert. Im November 2009 wurden die Kapitäne und ihre Besatzung vom Vorwurf der Beihilfe zur illegalen Einwanderung freigesprochen. Dennoch wurden beide Kapitäne wegen Widerstands gegen Beamte und Gewalt gegen ein Kriegsschiff zu zweieinhalb Jahren Haft und zur Zahlung von jeweils 440.000 Euro verurteilt.[174] Erst 2011 wurden die Kapitäne von einem Berufungsgericht freigesprochen.[175] Ihre Lebensgrundlage war nach dem vierjährigen Verfahren wegen der Konfiszierung von ihren Booten und ihrer Fischereilizenz zerstört.[176] Anfang September 2018 schleppten tunesische Fischer ein Boot mit 14 Migrant:innen an Bord in den Hafen von Lampedusa.[177] Dabei setzten

---

173 https://www.tagesschau.de/ausland/europa/italien-seenotretter-iuventa-prozess-101.html (zuletzt abgerufen am 02.02.2023).

174 Tugba Basaran, Saving Lives at Sea: Security, Law and Adverse Effects, European Journal of Migration and Law 16 (2014), S. 365, 376.

175 S. Liz Fekete, Europe: crimes of solidarity, Institute of Race Relations 50.4 (2009), S. 83, 94; Lorenzo Rinelli, Anglers of Men: the Politics of Rescuing African Migrants in the Mediterranean Basin, Review of Human Rights 3 (2017), S. 27, 34.

176 Hernan del Valle, Search and Rescue in the Mediterranean Sea. Negotiating Political Differences, Refugee Survey Quarterly 35.2 (2016), S. 22, 25.

177 Liz Fekete/Frances Webber/Anya Edmond-Pettitt, When witnesses won't be silenced: citizens' solidarity and criminalisation, 2019, https://www.borderline-europe.de/sites

sie sich über die Versuche italienischer Behörden hinweg, sie aus den italienischen Küstengewässern zurückzudrängen. Noch im Hafen wurden sie festgenommen und wegen Beihilfe zur illegalen Einwanderung angeklagt. Ende September 2018 wurden sie jedoch freigesprochen.[178]

Link- und Literaturtipp | Ein Überblick über Strafverfahren und administrative Verfahren gegen Seenotrettungs-NGOs und ihre Mitglieder findet sich (alle 6 Monate aktualisiert) auf der Internetseite der EU-Grundrechte-Agentur: https://fra.europa.eu/en. Eine rechtswissenschaftliche Untersuchung der Strafbarkeit der Fluchthilfe nach deutschem Recht ist nachzulesen bei: Julia Trinh, Die Strafbarkeit der Fluchthilfe. Eine Auseinandersetzung mit dem sog. Schleusertatbestand in § 96 AufenthG, Baden-Baden: Nomos 2021.

Was geschah mit der Cap Anamur im Jahr 2004?

Am 20. Juni 2004 stieß die Besatzung der Cap Anamur, ein unter deutscher Flagge fahrendes Schiff einer deutschen Rettungsorganisation, auf → 37 Migrant:innen in Seenot. Die Asylsuchenden befanden sich ca. 100 Seemeilen südlich von Lampedusa auf unruhiger See in einem Schlauchboot mit rauchendem Motor. Das Boot verlor zunehmend an Luft. Obwohl der nächstgelegene Hafen in Libyen gewesen wäre, entschied die Besatzung, das italienische Sizilien anzusteuern. Zehn Tage nach der Rettung der Schiffbrüchigen, am 30. Juni 2004, nahm der Kapitän Kontakt zu den italienischen

---

/default/files/background/2019_05_When-witnesses-wont-be-silenced-FINAL.pdf (zuletzt abgerufen am 13.09.2022) sowie neun weitere Zeitungsartikel s. Lorenzo Tondo, Tunisian fishermen await trial after ‚saving hundreds of migrants‘, The Guardian vom 05.09.2018, https://www.theguardian.com/world/2018/sep/05/tunisian-fishermen-await-trial-after-saving-hundreds-of-migrants (zueltzt abgerufen am 13.09.2022); Lorenzo Tondo, Italy releases Tunisian fishermen held on suspicion of smuggling migrants, The Guardian vom 22.09.2018, https://www.theguardian.com/world/2018/sep/22/italy-releases-tunisian-fishermen-arrested-on-suspicion-of-smuggling-migrants (zuletzt abgerufen am 13.09.2022).

178 BBC, Italy acquits Tunisian ‚migrant smuggling‘ fishermen, BBC News vom 22.09.2018, https://www.bbc.com/news/world-africa-45613072?intlink_from_url=& (zuletzt abgerufen am 13.09.2022).

Behörden auf und bat um Erlaubnis, den Hafen Porto Empedocle ansteuern zu dürfen. Die Erlaubnis wurde ihm jedoch verwehrt. Nachdem sich aber die Bedingungen an Bord der Cap Anamur zunehmend verschlimmert hatten, Wasserknappheit und eine Rebellion durch die aufgenommenen Schiffbrüchigen drohte, genehmigten die italienischen Behörden die Einfahrt der Cap Anamur in italienische Hoheitsgewässer. Aufgrund der Drohung einiger Geretteten, sich über Bord zu werfen, erklärte der Kapitän außerdem, es liege ein Notfall vor (→ Was beinhaltet das sog. Nothafenrecht?). Die Schiffbrüchigen wurden fast alle sehr schnell mit der Begründung aus Italien abgeschoben, keinen Anspruch auf Asyl zu haben. Die italienische Staatsanwaltschaft klagte drei Mitglieder der Besatzung wegen der Schleusung von Migrant:innen und wegen Beihilfe zur illegalen Einreise an. Kurze Zeit später beschied das Gericht von Agrigento jedoch, dass die Verantwortlichen ihrer Pflicht, Schiffbrüchige zu retten, rechtmäßig nachgekommen seien und Häfen in Libyen zu Recht nicht als sichere Häfen gewertet werden können, da das Land weder die Flüchtlingskonvention von 1951 noch andere grundlegende Menschenrechtskonventionen ratifiziert habe. Darüber hinaus urteilte das Gericht, dass jeder Mensch unabhängig von seiner Nationalität oder seinem Asylstatus bei einer → Seenot von einem vorbeifahrenden Schiff gerettet werden muss. Die Angeklagten wurden damit freigesprochen, dies allerdings erst nach einem fünf Jahre andauernden Prozess. Der Fall erfuhr in Deutschland große Aufmerksamkeit, da auch deutsche Mitglieder der Organisation angeklagt wurden. Ihnen wurde u. a. vorgeworfen, den Fall provoziert zu haben, um mediale Aufmerksamkeit für ihre Organisation zu erlangen. Unter anderem hieß es, dass die Cap Anamur nicht sofort nach einem *place of safety* suchte und Italien erst deutlich nachdem andere humanitäre NGOs informiert wurden, kontaktiert worden sei. Es heißt, die Cap Anamur wollte durch die Aktion auf die tödlichen Effekte der EU-Außengrenzen aufmerksam machen und habe diese Kampagne mit der medienwirksamen Ausschiffung auf Sizilien gestartet.

Wie geht es mit der Seenotrettung im Mittelmeerraum weiter?

Es ist schwierig, in die Zukunft zu blicken und konkrete Vorhersagen für die weitere Entwicklung der zivilen → Seenotrettung im Mittelmeer zu treffen. Es hat sich in den letzten Jahren gezeigt, dass NGOs weiterhin neue Schiffe kaufen und für Einsätze im Mittelmeerraum ausstatten. Im Dezember 2022 schickte die italienische NGO EMERGENCY ein neues Schiff, die Life Support, in den Einsatz auf die zentrale Mittelmeerroute. Im Mai 2023 folgte ein Schiff der neu gegründeten deutschen NGO Sea Punks. Außerdem bereitete Sea Watch den Einsatz ihres neuen Schiffes, die Sea Watch 5, vor. Insofern wächst die zivile Flotte beständig. Gleichzeitig zeichnet sich in Italien ein politischer Richtungswechsel ab. Seit Ende 2022 ist es wieder zu längeren Stand-offs gekommen (→ Vorwort), sodass erstmalig ein Rettungsschiff, die Ocean Viking von SOS Méditerranée, einen französischen Hafen ansteuern musste. Im Dezember 2022 wurde bekannt, dass Italien an einem Gesetzesentwurf arbeitet, der vorsieht, dass Seenotrettungsschiffe gerettete Migrant:innen sofort an einen → sicheren Ort bringen, ohne auf See zu warten, um weiteren Seenotrettungsfällen zu assistieren und Menschen an Bord zu nehmen.

Am 3. Januar 2023 trat schließlich das italienische Gesetzesdekret Nr. 1 in Kraft, das „dringende Bestimmungen zur Steuerung der Migrationsströme" enthält. Das Dekret verbietet NGO-Schiffen die Durchführung mehrerer Rettungseinsätze während derselben Mission und verpflichtet sie, nach Abschluss eines einzigen Rettungseinsatzes sofort einen sicheren Ort anzufordern und diesen „unverzüglich" zu erreichen – und zwingt sie somit, alle weiteren Fälle von Seenot zu ignorieren. Seenotrettungsorganisationen monieren, dass diese neue italienische Politik des „weit entfernt liegenden Hafens" Treibstoff kostet, zu mehr Leid unter den Geretteten führt, die eine beträchtliche Zeit auf See verbracht haben, und die Rettungsschiffe aus dem Einsatzgebiet abgezogen werden. Bei Verstößen drohen dem Schiffskapitän Geldstrafen von bis zu 50.000 Euro und das Schiff kann für einen Zeitraum von zwei Monaten festgehalten werden.[179]

Außerdem wurde im Dezember 2022 bekannt, dass italienische Behörden strafrechtliche Ermittlungen gegen die Organisation Mediterranea Saving Humans aufgenommen und Gelder der Organisation aufgrund des Verdachts der Beihilfe zur illegalen Einwanderung und Verstößen gegen das italienische Schifffahrtsgesetz eingefroren habe.

Zugleich haben die im Jahr 2022 wieder signifikant gestiegenen Ankunftszahlen gezeigt, dass Migrant:innen auch weiterhin den lebensgefährlichen

---

179 Eine englische Zusammenfassung der neuen italienischen Regelungen findet sich unter https://www.law.ox.ac.uk/content/news/border-criminologies-statement-italian-decre e-search-and-rescue-operations-sar-sea.

Weg über das Meer wählen und sich Seerouten teilweise verlagern, z. B. sind sowohl Abfahrten (und Unglücke) im Bereich des Ärmelkanals zu verzeichnen als auch auf der Strecke zwischen der Türkei und Italien, so wie zuletzt die Unglücke von Crotone und Pylos, bei denen im Jahr 2023 hunderte Migrant:innen ertranken.

Die Europäische Kommission hat zum Jahresende 2022 einen Aktionsplan zum Umgang mit maritimer Migration und Seenotrettung vorgestellt. Bereits im Jahr 2020 hatte die EU-Kommission Empfehlungen für den Umgang mit zivilen Seenotrettungs-NGOs ausgesprochen (→ In welcher Form können europäische Staaten zivile Rettungsmissionen unterstützen?). Auf EU-Ebene zeichnet sich daher ab, dass die Kommission das Thema Seenotrettung weiterhin auf ihrer Agenda behalten wird. Allerdings zeichnet sich gegenwärtig nicht ab, dass es in naher Zukunft eine rechtsverbindliche europäische Lösung der Herausforderungen im Zusammenhang mit maritimer Migration geben wird. Denkbar sind aktuell v. a. erneut freiwillige Vereinbarungen einiger weniger EU-Mitgliedstaaten zur Verteilung der aus Seenot geretteten Menschen sowie derjenigen, die eigenständig über das Mittelmeer Malta und Italien erreichen. Denkbar ist auch, dass EU-Mitgliedstaaten die Zulassung und den Betrieb von NGO-Schiffen weiter regulieren werden, etwa durch weitere Hafenstaatkontrollen oder durch verschärfte gesetzliche Rahmenbedingungen für Seenotrettungseinsätze. In dieser Hinsicht nehmen das Recht und die Kontrolle über dessen Einhaltung durch nationale und internationale Gerichte eine übergeordnete Stellung ein. Es bleibt abzuwarten, ob die strategischen Prozesse, die durch einige (Menschenrechts-)NGOs geführt werden, in Zukunft die Grenzen des rechtlich Zulässigen auszuloten vermögen. Die bisherige, ernüchternde Erfahrung zeigt leider, dass einige Staaten stets kreativere Ansätze entwickeln, um Grauzonen im (Seenotrettungs-)Recht zu entdecken und entgegen einer menschenrechtsfreundlichen Herangehensweise auszunutzen.

Linktipp | Eine kurze rechtliche Einordnung der neuen italienischen Politik des „Weit-entfernt-liegenden-Hafens" und rechtliche Schritte, die NGOs dagegen einleiten findet sich unter https://www.freitag.de/autore n/oezge-inan/interview-italien-seenotretter-ziehen-gegen-melonis-beh oerden-vor-gericht

Glossar - Wichtige Begriffe kurz erklärt

 Im Text werden zentrale Fachbegriffe mit einem → ge-
kennzeichnet. Hier werden sie genau erklärt.

Flaggenstaat
Der Staat, in dem ein Schiff registriert wurde und unter dessen Flagge ein Schiff fährt.

Flüchtling
Eine Person, die aus ihrem Heimatstaat aufgrund einer begründeten Angst vor Verfolgung wegen ihrer „Rasse", Religion, Nationalität oder Zugehörigkeit zu einer bestimmten sozialen Gruppe oder wegen ihrer politischen Überzeugung fliehen musste.

Grundsatz der Nichtzurückweisung (Refoulement-Verbot)
Ein völkerrechtlicher Grundsatz, der besagt, dass Staaten Menschen nicht in Länder zurückführen dürfen, in denen die Gefahr der Folter oder anderer schwerer Menschenrechtsverletzungen droht.

Hafenstaatkontrolle (Port State Control)
Die Überprüfung von Schiffen unter ausländischer Flagge auf Einhaltung internationaler Standards nach Maßgabe der europäischen Hafenstaatrichtlinie.

Hohe See
Alle Bereiche des Meeres, die nicht zu den inneren Gewässern, zum Küstenmeer, zur Anschlusszone oder ausschließlichen Wirtschaftszone eines Küstenstaates gehören, teilweise nichtjuristisch auch „internationale Gewässer" genannt.

Küstenmeer
Beginnt seewärts der Basislinie, erstreckt sich auf maximal 12 Seemeilen (ca. 22 km) und ist Teil des Staatsgebietes (Territoriums) des Küstenstaats.

Maritime Rescue Coordination Centre (MRCC)
Die nationale Seenotrettungsleitstelle, die Such- und Rettungsdienste organisiert und Seenotrettungsmaßnahmen in ihrem Zuständigkeitsbereich koordiniert.

Migrant:in
Der Überbegriff für alle Menschen, die ihren gewöhnlichen Aufenthaltsort verlassen, um entweder innerhalb desselben Landes oder in einem anderen Land zu leben; der Begriff wird rechtlich teilweise in Abgrenzung zum Begriff „Flüchtling" verwendet.

Pullback
Die Verhinderung der Ausreise aus dem Hoheitsgebiet eines Staates.

Pushback
Die Verhinderung der Einreise in das Hoheitsgebiet eines Staates.

Search and Rescue (SAR)
Umfasst alle Such- und Rettungsmaßnahmen an Land und zur See, um eine oder mehrere Personen in Not zu finden, ihnen erste medizinische Hilfe zukommen zu lassen und sie an einen sicheren Ort zu bringen.

Search and Rescue Region (SRR, auch: Search and Rescue Zone)
Ein auf Grundlage des SAR-Übereinkommens geografisch definierter Bereich des Meeres, für den ein Küstenstaat die Verantwortung der Bereitstellung eines Such- und Rettungsdienstes übernommen hat.

Seenot
Eine Notstandssituation auf See, welche die Pflicht zur Hilfeleistung und Seenotrettung auslöst.

Seenotrettung
Die Hilfeleistung bei Seenot.

Sicherer Ort *(place of safety)*
Ein Ort, an dem aus Seenot Gerettete nicht mehr in Gefahr sind und ihre Versorgung gewährleistet ist.

Völkerrechtssubjekte
Die Träger von Rechten und Pflichten, deren Verhalten unmittelbar vom Völkerrecht geregelt wird, z. B. Staaten und internationale Organisationen.

Abkürzungsverzeichnis

Abs.	Absatz
AEUV	Vertrag über die Arbeitsweise der Europäischen Union
Art.	Artikel
CMI	Comité Maritime International
Collissions Convention	International Convention for the Unification of Certain Rules of Law related to Collision between Vessels
DGzRS	Deutsche Gesellschaft zur Rettungd Schiffbrüchiger
EGMR	Europäischer Gerichtshof für Menschenrechte
EU	Europäische Union
EU-Seeaußengrenzen-VO	EU-Seeaußengrenzen-Verordnung
GK II	Zweite Genfer Konvention
GV	Generalversammlung der Vereinten Nationen
HRC	UN Human Rights Committee
IAMSAR Manual	International Aeronautical and Maritime Search and Rescue Manual
ILF	International Lifeboat Federation
IMO	International Maritime Organisation
IMRF	International Maritime Rescue Federation
LCG	Libyan Coast Guard (libysche Küstenwache)
MRCC	Maritime Rescue Coordination Centre
NGO(s)	Nichtregierungsorganisation(en)
RNLI	Royal National Lifeboat Institution
Salvage Convention	International Convention for the Unification of Certain Rules of Law relating to Assistance and Salvage at Sea
SAR	Search and Rescue

SAR-Konvention oder SAR-Übereinkommen	International Convention on Maritime Search and Rescue
SOLAS-Konvention oder SOLAS-Übereinkommen	International Convention for the Safety of Life at Sea
SR	Sicherheitsrat der Vereinten Nationen
SRR	Search and Rescue Region
SRÜ	Seerechtsübereinkommen der Vereinten Nationen
UN	United Nations (Vereinte Nationen)
UNHCR	United Nations High Commissioner for Refugees
US	United States
WVK	Wiener Übereinkommen über das Recht der Verträge
ZP I	Erstes Zusatzprotokoll zu den Genfer Konventionen

Verwendete Literatur

Artikel

Barnes J. 2022: Torturous journeys: Cruelty, international law, and pushbacks and pullbacks over the Mediterranean Sea. Review of International Studies 48, 441.

Basaran T. 2014: Saving Lives at Sea: Security, Law and Adverse Effects. European Journal of Migration and Law 16, 365.

Brevern H. v.; Bopp J. M. 2002: Seenotrettung von Flüchtlingen. Zeitschrift für ausländisches öffentliches Recht und Völkerrecht 62, 841.

Cuttitta P. 2018: Repoliticization Through Search and Rescue? Humanitarian NGOs and Migration Management in the Central Mediterranean. Geopolitics 23.3, 632.

Del Valle H. 2016: Search and Rescue in the Mediterranean Sea. Negotiating Political Differences. Refugee Survey Quarterly 35.2, 22.

Fekete S. L. 2009: Europe: crimes of solidarity. Institute of Race Relations 50.4, 83.

Friedewald M. 2012: Telefunken vs. Marconi, or the Race for Wireless Telegraphy at Sea, 1896–1914. SSRN Electronic Journal, 8.

Graczyk K. 2017: „Laconia Order" and the Responsibility of Admiral Dönitz before the Nuremberg Military Tribunal. Journal of Science of the Military Academy of Land Forces 184, 5.

Hahn J.; Schatz V. 2020: Zurückweisungen von Migranten durch zivile Schiffe auf See – Eine strafrechtliche Perspektive. Zeitschrift für Internationale Strafrechtsdogmatik 12, 537.

Hessbruegge J. 2012: The European Court of Human Rights: Hirsi Jamaa et al. v. Italy. International Legal Materials 51, 423.

Honniball A.; Schatz V. 2017: The C-Star's Odyssey and the International Law of the Sea, Völkerrechtsblog, http://voelkerrechtsblog.org/the-c-stars-odyssey-and-the-international-law-of-the-sea/ (zuletzt abgerufen am 09.03.2023).

Kasparek B. 2015: Was war Mare Nostrum? Dokumentation einer Debatte um die italienische Marineoperation. Movements Journal für kritische Migrations- und Grenzregimeforschung 1.4.

Keller V. M.; Madjidian N.; Schöler F. 2020: Wenn der Vorhang fällt. NGO-Schiffe im Mittelmeer und ein fragwürdiges Rechtsstaatsverständnis des Verkehrsministeriums, Verfassungsblog, https://verfassungsblog.de/wenn-der-vorhang-faellt/ (zuletzt abgerufen am 02.02.2023).

Lenk M. 2019: Das Nothafenrecht im Lichte der deutschen Notstandsdogmatik – ein Beitrag zu Salvinis, ungeliebten Schiffen auf dem Mittelmeer, Zeitschrift für ausländisches öffentliches Recht und Völkerrecht 79, 713.

Madjidian N. 2021: Mediterranean Responsibilities. Extra-territorial jurisdiction of coastal States in the context of maritime migration, Verfassungsblog, https://verfassungsblog.de/mediterranean-responsibilities (zuletzt abgerufen am 02.02.2023).

Madjidian N. 2022: Seenotrettung vor dem EuGH – Seenotrettungsorganisationen wehren sich gegen die Festsetzung ihrer Schiffe, Verfassungsblog, https://verfassungsblog.de/seenotrettung-vor-dem-eugh/ (zuletzt abgerufen am 02.02.2023).

Mann I. 2018: Maritime Legal Black Holes. Migration and Rightlessness in International Law. European Journal of International Law 29.2, 347.

Markard N. 2014: Das Recht auf Ausreise zur See. Rechtliche Grenzen der europäischen Migrationskontrolle durch Drittstaaten. Archiv des Völkerrechts 52.4, 449.

Matz-Lück N. 2018: Seenotrettung als völkerrechtliche Pflicht: Aktuelle Herausforderungen der Massenmigrationsbewegungen über das Mittelmeer, Verfassungsblog, https://verfassungsblog.de/seenotrettung-als-voelkerrechtliche-pflicht-aktuelle-herausforderungen-der-massenmigrationsbewegungen-ueber-das-mittelmeer (zuletzt abgerufen am 02.02.2023).

Noyes, J. E, Ships in Distress, in: Wolfrum, R. (Hrsg.), Max Planck Encyclopedia of Public International Law, Oxford: Oxford University Press November 2021 (online edition).

Papanicolopulu I. 2013: Hirsi Jamaa v. Italy. American Journal of International Law 107, 417.

Papanicolopulu I. 2016: The duty to rescue at sea, in peacetime and in war: A general overview. International Review of the Red Cross 98.2, 491.

Pedrozo R. A. 2018: Duty to Render Assistance to Mariners in Distress During Armed Conflict at Sea: A U.S. Perspective. International Law Studies 94, 102.

Riemer L. 2018: From push-backs to pull-backs: The EU's new deterrence strategy faces legal challenge, Fluchtforschungsblog, https://fluchtforschung.net/blogbeitraege/from-push-backs-to-pull-backs-the-eus-new-deterrence-strategy-faces-legal-challenge/ (zuletzt abgerufen am 02.02.2023).

Rinelli L. 2017: Anglers of Men: the Politics of Rescuing African Migrants in the Mediterranean Basin. Review of Human Rights 3, 27.

Schack L. 2020: Humanitarian Smugglers? Zur EU-Schleusungs-Beihilfe-Richtlinie und der Kriminalisierung der Zivilgesellschaft, Centre For Humanitarian Action (CHA), https://www.chaberlin.org/blog/humanitarian-smugglers-zur-eu-schleusungs-beihilfe-richtlinie-und-der-kriminalisierung-der-zivilgesellschaft/.2020, (zuletzt abgerufen am 02.02.2023).

Smith W. H. 1971: The Duty to Render Assistance at Sea: Is It Effective or Adrift. California Western International Law Journal 2, 146.

Monografien

Attard F. G. 2020: The Duty of the Shipmaster to Render Assistance at Sea under International Law. Leiden: Brill | Nijhoff.

Cassee A. 2019: Globale Bewegungsfreiheit. Berlin: Suhrkamp.

Christodoulou-Varotsi I. 2009: Maritime Safety Law and Policies of the European Union and the United States of America: Antagonism or Synergy? Berlin: Springer.

Churchill R.; Lowe V.; Sander A. 2022: The law of the sea. 4. Auflage, Manchester: Manchester University Press.

Höltmann M. 2012: Schiffssicherheit und Meeresumweltschutz in der EU nach Erika und Prestige. Die Vereinbarkeit der Gesetzesmaßnahmen der EU mit dem internationalen Seerecht. Baden-Baden: Nomos.

Karim Md. S. 2015: Prevention of Pollution of the Marine Environment from Vessels. The Potential and Limits of the International Maritime Organisation. Berlin: Springer.

Krajewski M. 2020: Völkerrecht. Baden-Baden: Nomos.

Mansell J. N. K. 2009: Flag State Responsibility: Historical Development and Contemporary Issues. Berlin, Heidelberg: Springer.

Markard N.; Farahat A. 2020: Places of Safety in the Mediterranean. The EU's Policy of Outsourcing Responsibility. Brüssel: Heinrich Böll Stiftung.

Özçayır O., Port State Control, 2. Auflage, London: Informa Law from Routledge 2004.

Peters A. 2016: Beyond Human Rights. The legal Status of the Individual in International Law. Cambridge: Cambridge University Press.

Ratcovich M. 2019: International Law and the Rescue of Refugees at Sea. Stockholm: Department of Law, Stockholm University.

Ringbom H. 2008: The EU Maritime Safety Policy and International Law. Leiden: Brill | Nijhoff.

Rocha A. 2021: Private actors as participants in international law. A critical analysis of membership under the Law of the Sea. Oxford: Hart.

Schermers H. G.; Blokker N. M. 2018: International Institutional Law. Unity within Diversity. 6. Auflage, Leiden/Boston: Brill | Nijhoff.

Schmidt T. I. 2019: Sicherheitsvorschriften für „Traditionsschiffe" auf See. Zugleich ein Beitrag zum Anwendungsbereich internationaler Schiffssicherheitsregelungen und deren Umsetzung ins innerstaatliche Recht. Berlin: Duncker & Humblot.

Schwabedissen T. 2004: Gestrandet: Schiffsunglücke vor der Nordseeküste. Hamburg: Koehler.

Walker G.K. 2012: Definitions for the Law of the Sea. Terms Not Defined by the 1982 Convention. Leiden: Nijhoff.

Windemuth N. 2011: Meeresverschmutzung durch den internationalen Seeverkehr. Ausweitung staatlicher Kontroll- und Interventionsrechte zum Schutz der Meeresumwelt. Frankfurt am Main: Peter Lang.

Arnauld A. v. 2023: Völkerrecht. 5. Auflage, Heidelberg: C. F. Müller.

Gadow-Stephani I. v. 2006: Der Zugang zu Nothäfen und sonstigen Notliegeplätzen für Schiffe in Seenot. Berlin: Springer.

Sammelbände

Chircop A.; Coffen-Smout S.; McConnell M. (Hrsg.) 2018: Ocean Yearbook 32. Leiden/Boston: Brill | Nijhoff.

Kelly J. (Hrsg.) 2018: The Cambridge History of Ireland. 3. Auflage, Cambridge: Cambridge University Press.

Matera C.; Taylor A. (Hrsg.) 2014: The Common European Asylum System and Human Rights. Enhancing Protection in Times of Emergencies. Den Haag: Asser Institute.

Kommentare

Geiger R.; Khan D.-E.; Kotzur M.; Kirchmair L. (Hrsg.) 2023: AEUV. 7. Auflage, München: C. H. Beck.

ICRC (Hrsg.) 2017: Commentary on the Second Geneva Convention: Convention (II) for the Amelioration of the Condition of the Wounded, Sick and Shipwrecked Members of Armed Forces at Sea. 2. Auflage, Cambridge: Cambridge University Press.

ICRC (Hrsg.) 1987: Commentary on the Additional Protocols of 8 June 1977 to the Geneva Conventions of 12 August 1949. Genf: International Committee of the Red Cross: Dordrecht: Nijhoff.

Meyer-Ladewig J.; Nettesheim M.; von Raumer S. (Hrsg.) 2017: HK-EMRK. 4. Auflage 2017, Basel: Nomos.

Nordquist M. H.; Grandy N. R.; Nandan S. N.; Rosenne S. (Hrsg.) 1995: UNCLOS 1982. A Commentary. 3. Auflage, Leiden: Brill.

Proelß A. (Hrsg.) 2017: Commentary UNCLOS, Baden-Baden: Nomos.

Online-Quellen

Anetzberger M., Seenotrettung für Flüchtlinge. Das Mittelmeer wird wieder unsicherer, Süddeutsche Zeitung, 31. Oktober 2014, https://www.sueddeutsche.de/pol itik/seenotrettung-fuer-fluechtlinge-das-mittelmeer-wird-wieder-unsicherer-1.2 199997 (zuletzt abgerufen am 02.02.2023).

Associazione per gli Studi Giuiridici sull'Immigrazione (ASGI), Condanna di Asso 28: un precedente che può scardinare la prassi dei respingimenti in Libia, 19.10.2021, h ttps://www.asgi.it/notizie/libia-condanna-respingimento/ (zuletzt abgerufen am 02.02.2023).

Avalon Project, Nuremberg Trial Proceedings Vol. 13: One hundred and twenty-fifth day, 9 May 1946, https://avalon.law.yale.edu/imt/05-09-46.asp (zuletzt abgerufen am 02.11.2022).

Bachstein A., Seenotrettungsverein Sea-Eye verklagt Italiens Behörden, Süddeutsche Zeitung, 05.08.2020, https://www.sueddeutsche.de/politik/seenotrettung-se e-eye-italien-1.4990485-2 (zuletzt abgerufen am 09.03.2023).

Baumgärtel M., High Risk, High Reward. Taking the Question of Italy's Involvement in Libyan ‚Pullback' Policies to the European Court of Human Rights, EJIL:Talk!, 14.05.2018, https://www.ejiltalk.org/high-risk-high-reward-taking-the-question -of-italys-involvement-in-libyan-pullback-policies-to-the-european-court-of-hu man-rights/ (zuletzt abgerufen am 02.02.2023).

BBC, Italy acquits Tunisian ‚migrant smuggling' fishermen, BBC News, 22.09.2018, https://www.bbc.com/news/world-africa-45613072?intlink_from_url=& (zuletzt abgerufen am 13.09.2022).

Becker M.; Gebauer M., Kritik von Bundeswehroffizieren. Italien sabotiert Rettung Schiffbrüchiger im Mittelmeer, Spiegel Online, 28.08.2018, https://www.spiegel.d e/politik/ausland/italien-sabotiert-rettung-von-fluechtlingen-im-mittelmeer-a-1 225317.html (zuletzt abgerufen am 02.02.2023).

Culina K., Urteil in den Niederlanden: Sea-Watch kann wieder retten, taz, 07.05.2019, https://taz.de/Urteil-in-den-Niederlanden/!5593561/ (zuletzt abgerufen am 02.02.2023).

Domradio, Moonbird meldet Flüchtlingsboote (29.04.2017), https://www.domra dio.de/artikel/sea-watch-baut-rettungsflotte-weiter-aus (zuletzt abgerufen am 03.01.2023).

Elumami A., Libyan coastguard turns back nearly 500 migrants after altercation with NGO ship, Reuters (10.05.2017), https://www.reuters.com/article/idUSKBN1862Q 2 (zuletzt abgerufen am 03.01.2023).

EU-Kommission, Empfehlung (EU) 2020/1365 der Kommission vom 23. September 2020 zur Zusammenarbeit zwischen den Mitgliedstaaten bei Such- und Rettungsaktionen, für die im Eigentum privater Einrichtungen befindliche oder von solchen betriebene Schiffe eingesetzt werden, ABl. L 317/23, https://eur-lex.eur opa.eu/legal-content/DE/TXT/PDF/?uri=CELEX:32020H1366&;from=EN (zuletzt abgerufen am 09.03.2022).

Europäischer Gerichtshof für Menschenrechte (EGMR), Factsheet, Collective expulsions of aliens, Oktober 2022, https://www.echr.coe.int/documents/fs_collective _expulsions_eng.pdf (zuletzt abgerufen am 02.02.2023).

Europäischer Gerichtshof für Menschenrechte (EGMR), Factsheet, Extra-territorial jursidiction of States Parties to the European Convention on Human Rights, Juli 2018, https://www.echr.coe.int/documents/fs_extra-territorial_jurisdiction_eng. pdf (zuletzt abgerufen am 02.02.2023).

Europäisches Parlament, Entschließungsantrag zu Such- und Rettungsoperationen im Mittelmeer (2019/2755(RSP)), 21.10.2019, https://www.europarl.europa.eu/do ceo/document/B-9-2019-0154_DE.html sowie Abstimmung, https://oeil.secure.e uroparl.europa.eu/oeil/popups/ficheprocedure.do?lang=en&reference=2019/275 5(RSP) (beides zuletzt abgerufen am 02.02.2023).

European Centre for Human and Constitutional Rights (ECCHR), Griechenland vor dem Europäischen Gerichtshof für Menschenrechte, https://www.ecchr.eu /fall/greece-before-the-european-court-of-human-rights/ (zuletzt abgerufen am 02.02.2023).

European Commission, EU Action Plan for the Central Mediterranean, https://hom e-affairs.ec.europa.eu/eu-action-plan-central-mediterranean_en (zuletzt abgerufen am 22.11.2022).

European Parliament, Motion for a Resolution on the need for EU action on search and rescue in the Mediterranean, https://www.europarl.europa.eu/doceo/docum ent/B-9-2023-0342_EN.html (zuletzt abgerufen am 18.07.2023).

Fekete L.; Webber F.; Edmond-Pettitt A., When witnesses won't be silenced: citizens' solidarity and criminalisation, 2019, https://www.borderline-europe.de/sites/d efault/files/background/2019_05_When-witnesses-wont-be-silenced-FINAL.pdf (zuletzt abgerufen am 13.09.2022).

Feuerer M., Crew-Mitglieder der Sea-Eye wieder frei – Statement veröffentlicht, TVA, 14.09.2016, https://www.tvaktuell.com/crew-mitglieder-der-sea-eye-wiede r-frei-190807/ (zuletzt abgerufen am 03.01.2023).

Forensic Architecture, Privatised Push-Back of the Nivin (Investigation), 18.12.2019, https://forensic-architecture.org/investigation/nivin (zuletzt abgerufen am 02.02.2023).

Forin R.; Frouws B., What's new? Analysing the latest trends on the Central Mediterranean mixed migration route to Italy, 2022, https://mixedmigration.org/a rticles/whats-new-analysing-the-latest-trends-on-the-central-mediterranean-mi xed-migration-route-to-italy/ (zuletzt abgerufen am 03.01.2023).

Frankfurter Rundschau, Malta lässt Identitäre abblitzen, 21.08.2017, https://www.f r.de/politik/malta-laesst-identitaere-abblitzen-11086870.html (zuletzt abgerufen am 03.01.2023).

Giuffrida A., Sea rescue charities rebel against Italian anti-immigration rules, The Guardian, 30.12.2022, https://www.theguardian.com/world/2022/dec/30/sea -rescue-charities-rebel-against-italian-anti-immigration-rules?CMP=Share_And roidApp_Other (zuletzt abgerufen am 09.03.2023).

Guardia Costiera, Jahresbericht der italienischen Küstenwache und des MRCC Rom, Attività SAR Nel Mediterraneo Centrale, 2017, https://www.guardiacostiera.go v.it/attivita/Documents/attivita-sar-immigrazione-2017/Rapporto_annuale_2017 _ITA.pdf (zuletzt abgerufen am 02.02.2023).

Handelsblatt, Eingestellte Rettungsmission. So funktionierte „Mare Nostrum", 20.04.2015, https://www.handelsblatt.com/politik/international/eingestellte-rett ungsmission-so-funktionierte-mare-nostrum/11660108.html (zuletzt abgerufen am 02.02.2023).

History of the International Maritime Rescue Federation (IMRF), https://www.sutori. com/en/item/1924-the-first-international-lifeboat-conference-in-july-1924-the-r oyal (zuletzt abgerufen am 03.01.2023).

Hoffmann H., Shryock R., Migration über den Atlantik. Auf der Todesroute, Der Spiegel, 01.02.2022, https://www.spiegel.de/ausland/migration-aus-dem-senega l-auf-die-kanaren-auf-der-todesroute-a-37a7b053-bac7-4705-8ed5-8d84c55c5d8c (zuletzt abgerufen am 27.06.2023).

Human Rights Watch, EU: Übertragung der Seenotrettung an Libyen setzt Men-schenleben aufs Spiel, vom 19.06.2017, https://www.hrw.org/de/news/2017/06/ 19/eu-uebertragung-der-seenotrettung-libyen-setzt-menschenleben-aufs-spiel.L ibya (zuletzt abgerufen am 02.02.2023).

Il Giornale, Migranti, blitz contro l'Ong: identitari bloccano la nave che va in Libia, 13.05.2017, https://www.ilgiornale.it/news/cronache/migranti-blitz-contr o-long-identiatari-bloccano-nave-che-va-1396686.html?mobile_detect=false (zu-letzt abgerufen am 03.01.2023).

International Criminal Court, Statement of ICC Prosecutor to the UNSC on the Situation in Libya (09.05.2017), https://www.icc-cpi.int/news/statement-icc-pros ecutor-unsc-situation-libya (zuletzt abgerufen am 03.01.2023).

International Maritime Organization (IMO), Amendments to the International Aeronautical and Maritime Search and Rescue (IAMSAR) Manual, MSC.1/Circ. 1594, 25.05.2018, https://wwwcdn.imo.org/localresources/en/OurWork/Safety/Docum ents/Documents%20relevant%20to%20SAR/MSC.1-CIRC.1594%20Amendments% 20to%20IAMSAR%20Manual.pdf (zuletzt abgerufen am 01.02.2023).

International Maritime Organization (IMO), Introduction to IMO, 2019, https://ww w.imo.org/en/About/Pages/Default.aspx (zuletzt abgerufen am 17.05.2022).

International Maritime Organization (IMO), Port State Control, https://www.imo.o rg/en/OurWork/IIIS/Pages/Port%20State%20Control.aspx (zuletzt abgerufen am 16.06.2021).

International Maritime Organization (IMO), Shipping Emergencies – Search and Rescue and the GMDSS, IMO (1999), https://wwwcdn.imo.org/localresources/ en/OurWork/Safety/Documents/GMDSSandSAR1999.pdf (zuletzt abgerufen am 03.01.2023).

International Maritime Organization (IMO), Status of IMO Treaties, Comprehensive information on the status of multilateral Conventions and instruments in respect of which the International Maritime Organization or its Secretary-General performs depositary or other functions, 18.10.2022, https://wwwcdn.imo.org/localre sources/en/About/Conventions/StatusOfConventions/Status%20of%20IMO%20T reaties.pdf (zuletzt abgerufen am 27.04.2022).

Italienisches Innenministerium, Ankunftszahlen (Italienisch), Sbarchi e accoglienza dei migranti: tutti i dati, https://www.interno.gov.it/it/stampa-e-comunicazione/ dati-e-statistiche/sbarchi-e-accoglienza-dei-migranti-tutti-i-dati (zuletzt abgerufen am 03.01.2023).

Kingsley P.; Stephen C., Libyan navy admits confrontation with charity's rescue boat, The Guardian, 28.08.2016, https://www.theguardian.com/world/2016/aug/2 8/libyan-navy-admits-confrontation-charity-rescue-boat-msf (zuletzt abgerufen am 03.01.2023).

Kormbaki M., Lüdke S., Trotz Bundestagsbeschluss. Auswärtige Amt blockiert Millionenhilfe für zivile Seenotretter, Der Spiegel, 14.06.2023, https://www.spie gel.de/politik/deutschland/annalena-baerbock-in-der-kritik-auswaertiges-amt-b lockiert-millionenhilfe-fuer-zivile-seenotretter-a-a4797f76-524c-4a7c-bcb1-d59d faa9939a (zuletzt abgerufen am 06.07.2023)

Koninklijke Nederlandse Redding Maatschappij (KNRM), Wanneer en waarom is de KNRM opgericht?, KNRM, https://www.knrm.nl/blog/historie/wanneer-en-waarom-is-de-knrm-opgericht (zuletzt abgerufen am 07.11.2022).

Majic D., Schiff der Identitären in Seenot?, Frankfurter Rundschau, 11.08.2017, https://www.fr.de/politik/schiff-identitaeren-seenot-11086896.html (zuletzt abgerufen am 03.01.2023).

Médecins sans frontières (MSF), EU leaders orchestrating humanitarian crisis on Europe's shores, 23.06.2015, https://www.msf.org/migration-eu-leaders-orchestrating-humanitarian-crisis-europe's-shores (zuletzt abgerufen am 03.01.2023)

Médecins sans frontières (MSF), In the first seven months of 2021, up to 1,000 people have died trying to cross the Mediterranean, https://www.msf.org/mediterranean-migration-depth (zuletzt abgerufen am 03.01.2023).

Médecins sans frontières (MSF), Migration: MSF's response to European Council meeting, 26.05.2015, http://www.msf.org/article/migration-msfs-response-european-council-meeting (zuletzt abgerufen am 03.01.2013)

Merli G., Behind Italy's 'administrative detention' of refugee rescue vessels, il manifesto, 27.4.2021, https://global.ilmanifesto.it/how-italy-closed-its-ports-and-blocked-the-refugees/ (zuletzt abgerufen am 09.03.2023).

Migrant Offshore Aid Station (MOAS), Professional Migrant Rescue Service MOAS to Set Sail on May 2nd, 20. April 2015, https://www.moas.eu/professional-migrant-rescue-service-moas-to-set-sail-on-may-2nd/ (zuletzt abgerufen am 03.01.2023).

New York Times, How Binns flashed his calls for help, 26.01.1909, https://www.rmsrepublic.news/098 (zuletzt abgerufen am 09.03.2023).

Office of the United Nations High Commissioner for Human Rights (OHCHR); United Nations Support Mission in Libya, Abuse Behind Bars: Arbitrary and unlawful detention in Libya, 2018, https://www.ohchr.org/Documents/Countries/LY/AbuseBehindBarsArbitraryUnlawful_EN.pdf (zuletzt abgerufen am 02.02.2023).

Ostfriesland Reloaded, Katastrophe vor Spiekeroog: Keine Rettung für die „Johanne", 15.05.2018, https://ostfrieslandreloaded.com/2018/05/15/katastrophe-vor-spiekeroog-keine-rettung-fuer-die-johanne/ (zuletzt abgerufen am 03.01.2023).

Paris MoU, Detention Review Panel Procedure, https://www.parismou.org/inspections-risk/appeal-procedure/detention-review-panel-procedure (zuletzt abgerufen am 16.06.2021).

Paris MoU, Inspection Search, https://www.parismou.org/inspection-search/inspection-search (zuletzt abgerufen am 16.06.2021).

Paris MoU, National Appeal Procedures, 2023, https://www.parismou.org/inspections-risk/appeal-procedure/national-appeal-procedures (zuletzt abgerufen am 09.03.2023).

Popp M., Europa schickt Menschen in die Hölle, Spiegel Online, 26.07.2018, http: //www.spiegel.de/politik/ausland/fluechtlinge-in-libyen-europa-schickt-mensch en-in-die-hoelle-a-1219935.html (zuletzt abgerufen am 02.02.2023).

Rat der EU und Europäischer Rat, Infografik – EU-Operationen retten Menschenleben im Mittelmeer, 2015-2023, https://www.consilium.europa.eu/de/infographic s/saving-lives-sea/ (zuletzt abgerufen am 02.02.2023).

Salvamento Marítimo, Jahresbericht 2020 (Spanisch), http://www.salvamentomarit imo.es/sala-de-comunicacion/informe-anual (zuletzt abgerufen am 03.01.2023).

Schlamp H.-J., Möglicher Rechtsbruch. Wie ein italienisches Schiff 101 Flüchtlinge nach Libyen brachte, Spiegel Online, 01.08.2018, https://www.spiegel.de/politik /ausland/italien-wie-die-asso-28-fluechtlinge-rettete-und-nach-libyen-brachte-a -1221105.html?sara_ecid=soci_upd_KsBF0AFjflf0DZCxpPYDCQgO1dEMph (zuletzt abgerufen am 02.02.2023).

Schlein L., Libya: Detention of Migrants Rescued at Sea Cruel and Must End – UN, allafrica, 09.07.2018, https://allafrica.com/stories/201807090206.html (zuletzt abgerufen am 02.02.2023).

Schreiber D., „Defend Europe": Identitäre ließen Crew im Stich, Kurier, 05.10.2017, ht tps://kurier.at/chronik/weltchronik/rechte-anti-fluechtlings-mission-crew-such t-um-asyl-an/290.213.007 (zuletzt abgerufen am 03.01.20123).

Sea-Eye, Sea-Eye kritisiert Italiens neuen Verhaltenskodex für Seenotrettungsorganisationen, 30.12.2022, https://sea-eye.org/sea-eye-kritisiert-italiens-neuen -verhaltenskodex-fuer-seenotrettungsorganisationen/ (zuletzt abgerufen am 02.02.2023).

Sea-Watch, Status-Update zum Einsatz 6, 13.07.2015, https://sea-watch.org/13-07-2 015-status-update-zum-einsatz-6/ (zuletzt abgerufen am 03.01.2023).

Sea-Watch, Status-Update zum ersten Einsatz der dritten Crew – Rettungsaktion und ärztliche Betreuung von 104 Menschen, 23.07.2015, https://sea-watch.org/23- 07-2015-status-update-zum-ersten-einsatz-der-dritten-crew-rettungsaktion-und -aerztliche-betreuung-von-104-menschen/ (zuletzt abgerufen am 03.01.2023).

Sea-Watch, SeaWatch bringt original Flüchtlingsboot vor den Bundestag auf die Spree, 07.10.2015, https://sea-watch.org/sea-watch-bringt-original-fluechtlingsb oot-vor-den-bundestag-auf-die-spree/ (zuletzt abgerufen am 03.01.2023).

Sea-Watch, SEA-WATCH AIR starts mission!, 21.06.2016, https://sea-watch.org/en/ sea-watch-air-starts-mission/ (zuletzt abgerufen am 03.01.2023).

Sea-Watch, EILMELDUNG: Viele Tote nach Überfall der Libyschen Küstenwache auf Sea-Watch Rettungseinsatz, 21.10.2016, https://sea-watch.org/eilmeldung-viele-t ote-nach-ueberfall-der-libyschen-kuestenwache-auf-sea-watch-rettungseinsatz/ (zuletzt abgerufen am 03.01.2023).

Sea-Watch, Sea-Watch prepares legal measures to enforce the Non-Refoulement Principle, 18.05.2017, https://sea-watch.org/en/17246/ (zuletzt abgerufen am 03.01.2023).

Spiegel Online, Bericht über Libyen. Auswärtiges Amt sieht "KZ-ähnliche Verhältnisse", 29.01.2017, https://www.spiegel.de/politik/ausland/libyen-kz-aehnlic he-verhaeltnisse-fuer-fluechtlinge-laut-bericht-beklagt-a-1132184.html (zuletzt abgerufen am 02.02.2023).

Stern, Flüchtlingsdrama vor Italien Freisprüche im Fall "Cap Anamur", 07.10.2009, ht tps://www.stern.de/panorama/fluechtlingsdrama-vor-italien-freisprueche-im-fa ll--cap-anamur--3445922.html (zuletzt abgerufen am 02.02.2023).

Sunderland J., Endless Tragedies in the Mediterranean Sea, Human Rights Watch, 13.09.2022, https://www.hrw.org/news/2022/09/13/endless-tragedies-mediterran ean-sea (zuletzt abgerufen am 02.11.2022).

Tagesschau, Illegale Pushbacks in Griechenland EU und Bundesregierung drängen auf Aufklärung, 28.06.2022, https://www.tagesschau.de/ausland/europa/grieche nland-fluechtlinge-pushbacks-103.html (zuletzt abgerufen am 02.02.2023).

Tagesschau, Seenotretter vor Gericht: Kommt es zum Verfahren gegen die "Iuventa"-Crew? 21.05.2022, https://www.tagesschau.de/ausland/europa/italien-see notretter-iuventa-prozess-101.html (zuletzt abgerufen am 02.02.2023).

Talat N., The case of the Paros 3: How Greece is criminalising asylum seekers, The New Arab, 27 May, 2022, https://www.newarab.com/analysis/paros-3-how-gree ce-criminalising-asylum-seekers (zuletzt abgerufen am 09.03.2023).

Tondo L., Italy releases Tunisian fishermen held on suspicion of smuggling migrants, The Guardian, 22.09.2018, https://www.theguardian.com/world/2018/se p/22/italy-releases-tunisian-fishermen-arrested-on-suspicion-of-smuggling-mig rants (zuletzt abgerufen am 13.09.2022).

Tondo L., Tunisian fishermen await trial after ‚saving hundreds of migrants', The Guardian, 05.09.2018, https://www.theguardian.com/world/2018/sep/05/tunisian -fishermen-await-trial-after-saving-hundreds-of-migrants (zuletzt abgerufen am 13.09.2022).

U.S. Department of State, Archive, Collection of sources on entry into port under force majeure, https://2001-2009.state.gov/s/l/2007/112701.htm (zuletzt abgerufen am 02.02.2023).

UN Security Council, United Nations Support Mission in Libya, Report of the Secretary-General (S/2018/429), 07.05.2018, https://unsmil.unmissions.org/sites/ default/files/n1812844.pdf (zuletzt abgerufen am 09.03.2023).

United Nations Development Programme (UNDP), Scaling Fences: Voices Of Irregular African Migrants To Europe, 2019, https://www.undp.org/sites/g/files/zsk

gke326/files/publications/UNDP-Scaling-Fences-EN-2019.pdf (zuletzt abgerufen
am 09.03.2023).

United Nations High Commissioner for Refugees (UNHCR), Background Note on
the Protection of Asylum-Seekers and Refugees Rescued at Sea, 18.03.2002, http
s://www.unhcr.org/3e5f35e94.pdf (zuletzt abgerufen am 10.01.2023).

United Nations High Commissioner for Refugees (UNHCR), Refugees & Migrants
Arrivals to Europe in 2017, https://data.unhcr.org/en/documents/download/6202
3 (zuletzt abgerufen am 03.01.2023).

United Nations High Commissioner for Refugees (UNHCR), UNHCR guidelines
on applicable criteria and standards relating to the protection of refugees and
asylum-seekers rescued at sea, https://www.unhcr.org/3e5f35e94.pdf (zuletzt
abgerufen am 02.02.2023).

United4Rescue, Pressemitteilung, Bundesregierung unterstützt United4Rescue,
11.11.2022, https://united4rescue.org/de/presse/pressemitteilungen/bundesregie
rung-unterstuetzt-united4rescue/ (zuletzt abgerufen am 02.02.2023).

Wiener Zeitung, „Defend Europe" endet mit Seenotrettung, 11.08.2017, https://ww
w.wienerzeitung.at/nachrichten/politik/europa/910326-Defend-Europe-endet-m
it-Seenotrettung.html (zuletzt abgerufen am 03.01.2023).

Wissenschaftlicher Dienst des Deutschen Bundestages, Rechtsfragen bei Seenotrettungseinsätzen innerhalb einer libyschen SAR-Zone im Mittelmeer, Sachstand,
Az. WD 2 – 3000 – 075/17, 25.08.2017, https://www.bundestag.de/resource/bl
ob/525660/e43d2ccfb3b60ecb334f9276ae0f6f6c/wd-2-075-17-pdf-data.pdf (zuletzt
abgerufen am 02.02.2023).

Wissenschaftlicher Dienst des Deutschen Bundestags, Seenotrettung
durch nicht-staatliche Akteure im rechtlichen Spannungsfeld zwischen
„pull-back"-Operation der libyschen Küstenwache und dem Refoulementverbot,
Az. WD 2 – 3000 – 014/20, 03.03.2020, https://www.bundestag.de/resource/blob
/686314/9402ed2d998ae23cf0ce2ccd55719d9a/WD-2-014-20-pdf-data.pdf (zuletzt
abgerufen am 09.03.2023).

Zeit Online, Polen: Tausende protestieren gegen Abweisung von Migranten,
17.10.2021, https://www.zeit.de/politik/ausland/2021-10/polen-proteste-pushbac
ks-migranten-grenze-belarus (zuletzt abgerufen am 02.02.2023).

Register

Frag doch einfach!
Klare Antworten aus erster Hand

Die utb-Reihe „Frag doch einfach!" beantwortet Fragen, die sich nicht nur Studierende stellen. Im Frage-Antwort-Stil geben Expert:innen kundig Auskunft und verraten alles Wissenswerte rund um das Thema. Die wichtigsten Fachbegriffe stellen sie zudem prägnant vor und verraten, welche Websites, YouTube-Videos und Bücher das Wissen vertiefen. So lässt sich leicht in ein Thema einsteigen und über den Tellerrand schauen.

Bisher sind erschienen:

Michael von Hauff
Nachhaltigkeit für Deutschland? Frag doch einfach!
2020, 190 Seiten
ISBN 978-3-8252-5435-3

Claudia Ossola-Haring
Ein Start-up gründen? Frag doch einfach!
2020, 238 Seiten
ISBN 978-3-8252-5436-0

Roman Simschek, Arie van Bennekum
Agilität? Frag doch einfach!
2. Auflage, 2023, 197 Seiten
ISBN 978-3-8252-6055-2

Martin Oppelt
Demokratie? Frag doch einfach!
2021, 202 Seiten
ISBN 978-3-8252-5446-9

Florian Kunze, Kilian Hampel, Sophia Zimmermann
Homeoffice und mobiles Arbeiten? Frag doch einfach!
2021, 190 Seiten
ISBN 978-3-8252-5664-7

Gerald Pilz
Mobilität im 21. Jahrhundert? Frag doch einfach!
2021, 230 Seiten
ISBN 978-3-8252-5662-3

Anke Brinkmann, Gabriele Dreilich, Christian Stadler
Virtuelle Teams führen? Frag doch einfach!
2022, 148 Seiten
ISBN 978-3-8252-5780-4

Andreas Koch
Armut? Frag doch einfach!
2022, 179 Seiten
ISBN 978-3-8252-5554-1

Barbara Schmidt
Angst? Frag doch einfach!
2022, 143 Seiten
ISBN 978-3-8252-5687-6

Fabian Kaiser, Arie van Bennekum
Scrum? Frag doch einfach!
2022, 134 Seiten
ISBN 978-3-8252-5974-7

Florian Spohr
Lobbyismus? Frag doch einfach!
2023, 199 Seiten
ISBN 978-3-8252-5688-3

Henrik Bispinck
Friedliche Revolution und Wiedervereinigung? Frag doch einfach!
2023, 185 Seiten
ISBN 978-3-8252-5445-2

BUCHTIPP

Ines-Jacqueline Werkner

Friedens- und Konfliktforschung

2020, 396 Seiten
€[D] 26,90
ISBN 978-3-8252-5443-8
eISBN 978-3-8385-5443-3

Das Buch führt systematisch und kompakt in zentrale Themenfelder der Friedens- und Konflikt-forschung ein. Es reflektiert den aktuellen Stand der wissenschaftlichen Forschung und zeigt die derzeitigen Herausforderungen auf. Im Fokus der Analyse steht zunächst der Friedensbegriff mit seinen Dimensionen und seinem Verhältnis zur Sicherheit. Im Weiteren nimmt die Autorin das Phänomen des Konfliktes sowie aktuelle weltpolitische Konfliktkonstellationen in den Blick und verhandelt Konfliktbearbeitungsmechanismen und Strategien der Friedensförderung. Abschlie-ßend gibt das Lehrbuch einen Überblick über den Stand der Friedens- und Konfliktforschung in Deutschland mit seinen Instituten und universitären Studiengängen.

UVK Verlag. Ein Unternehmen der Narr Francke Attempto Verlag GmbH + Co. KG
Dischingerweg 5 \ 72070 Tübingen \ Germany
Tel. +49 (0)7071 9797 0 \ Fax +49 (0)7071 97 97 11 \ info@narr.de \ www.narr.de

BUCHTIPP

Janne Mende

Der Universalismus der Menschenrechte

2021, 245 Seiten
€[D] 22,90
ISBN 978-3-8252-5557-2
eISBN 978-3-8385-5557-7

Menschenrechte sind universell. Dieser Anspruch bietet jedoch immer wieder Anlass für Kritik. Das Buch fragt, warum es diese vehementen Kritiken gibt und inwiefern der Universalismus der Menschenrechte dennoch zentral ist. Es beantwortet diese Fragen, indem es sowohl die Kritiken am Universalismus als auch den Universalismus der Menschenrechte selbst auf die jeweiligen Formen und Effekte hin untersucht. Mit dem Postkolonialismus, dem Kulturrelativismus, dem Kollektivrecht sowie dem Feminismus werden vier prägnante Debatten um den Universalismus der Menschenrechte vorgestellt und mit nachvollziehbaren Beispielen in Verbindung gesetzt. Daraus entwickelt das Buch das Modell eines vermittelten Universalismus, der die Stärken der Kritiken aufnehmen und ihre jeweiligen Grenzen deutlich benennen kann.

UVK Verlag. Ein Unternehmen der Narr Francke Attempto Verlag GmbH + Co. KG
Dischingerweg 5 \ 72070 Tübingen \ Germany
Tel. +49 (0)7071 9797 0 \ Fax +49 (0)7071 97 97 11 \ info@narr.de \ www.narr.de